The McKinsey Anthology

❖ 情報システムを活かした「業務改革」で利益を創出する

マッキンゼー ITの本質

横浜信一／萩平和巳／金平直人
大隅健史／琴坂将広【編著・監訳】
鈴木立哉【訳】

McKinsey&Company

ダイヤモンド社

はじめに

情報が自由自在に国境を越えて行き交うグローバル・エコノミーの時代、他社にない事業戦略で差別化を図ることは難しくなっている。競合差別化の源は、もはや戦略それ自体ではなく、規律ある実行力だ、とすら言える。ＩＴ（情報技術）は、その実行力を担保するための道具である。その意味で、ＩＴ活用の巧拙が、企業の盛衰を左右する大きなファクターになりつつある。

日本企業は、優れた経営手法を多数つくり上げてきた。その手法には、欧米流の経営モデルとは異なる、しなやかさがあると言ってもよい。そこにＩＴという舶来品をどう取り込んで使いこなすかは、今日、多くの日本企業にとってチャレンジである。便利なようで実は使い勝手が悪そうだし、効果は喧伝されるがカネ食い虫ではないかといった懸念もある。経営の洗練度は高くても、自社「らしさ」のなかにどう塩梅よくＩＴを取り込むかに苦心し、結果として、ＩＴを経営上の仕組みや道具としてうまく取り込み、活用することについてはどうも自信がない、という企業が多いのではないだろうか――。

こうしたことが、本書刊行の出発点となった問題意識である。本書に収録した論考を通して、ＩＴが企業にとってどう役に立つものなのか、経営の視点から再考するための具体的な視点をご提供できればと願っている。

ここには八つの論文と二つのインタビュー記事を集めた。いずれも、ＩＴに関して技術的な知識がなくてもわかりやすい内容である。ＩＴが事業の競争力やコスト削減にもたらす効果や、そうした効果を上げるために必要な組織運営の体制・仕組みがテーマであり、技術的な側面をテーマにしたものは含まれていない。各章の概要は、次のとおりである。

第一章「ＩＴ投資の質の向上のために」は、本書出版にあたって、我々、マッキンゼー・アンド・カンパニー東京オフィスのビジネス・テクノロジー・グループが、日本企業ではＩＴ課題がなぜ解決されにくいのかを考察し、書き下ろしたものである。ＩＴに関して経営者が口にする悩み・課題は二〇年前、三〇年前と変わっていない。表面的な課題への対応だけではいつまでたってもこれまでの繰り返しであり、課題解決を阻む根本原因を見極め、解消しなければいけない。こうした問題意識に立ち、日本企業においてＩＴ活用を阻む五つの根本原因を特定して、これらへの処方箋として六つの打ち手からなる包括的アプローチを提示している。

一九九〇年代後半、ブームにのって不必要なＩＴ投資も行ってしまったのではないかと懸念しているのは日本企業だけではない。第二章の「今度こそ正しいＩＴ投資を」では、企業のＩＴ投資が復活しつつあるなかで過去の過ちを繰り返さないためは、**Where**（どこに投資するのか）と**When**（いつ投資するのか・順番はどうか）の二つを正しく判断することがカギであり、**How**（どのようなシステムにするのか）は二次的であることを、アメリカの金融業界や小売業界の具体的事例で示している。また、経営陣が自社の強み・弱みを正しく理解しているか否かが、**Where**と**When**を的確に判断できるかどうかのカギを握る、としている。

第三章「ＩＴの複雑さと戦う」では、ＩＴコストの削減を狙う際、多くの企業では不要不急のプロジェクトを凍結するが、それだけでは不十分であり、過去の投資によって複雑化したシステムのアーキテクチャを抜本的に見直すことが不可欠だと述べている。加えて、こうした見直しが、肥大化した業務の簡素化、運営コスト削減につながり、さらに事業部門とＩＴ部門の連携・一体感を高めることにもなる、と論じる。

第四章「ＩＴ購買における質と決定者の変化」は、マッキンゼーが二〇〇四年に行った欧米の主要企業のＣＩＯ（チーフ・インフォメーション・オフィサー）へのアンケートとインタビュー調査を解析・解説したものである。ここで浮かび上がってくるのは、Ｉ

Tに関する支出が、もはや特別扱いのものではなく、物品やサービスなどの購買コストと同列に扱われるものになりつつある実態である。

第五章「次世代のCIOとは」では、真のITリーダーの役割を論じる。CIOの役割は、システムづくりや運用を責任を持って管理することではなく、ITを通じて会社を変革する方法を見つけ出すことにあり、こうした役割は、多くの企業ではいまだにリーダーシップの空白地帯になっている、と述べている。そのうえで、CIOが本来の役割を担っていくためのハウツーを示す。

IT投資の意思決定などに関しては、ユーザーである事業部門がリードをとるべきだ、といった指摘がよくなされる。しかしながら実際にはそうはいかず、システム部門が結果責任だけを負わされているケースが多い。第六章「ITをめぐる説明責任と協力体制」では、事業部門とIT部門の間に横たわる相互不信とも言うべき溝を埋めるための、IT関連組織の具体的運営方法を提案し、意思決定、レポーティングなどを抜本的に見直すべきであると論じる。

第七章と第八章は、IT課題そのものではないが、ITとともに語られることが多いビジネス・プロセス・アウトソーシング（BPO）とオフショアリングを取り上げる。

第七章「ビジネス・プロセス・アウトソーシング（BPO）から利益を得るには」で

は、近年の雇用の流動化に伴い、日本でも脚光を浴び、増加が見込まれているＢＰＯについてのハウツーである。ＢＰＯの効果を考える際には、自社の現状と外注したケースとを比較するのではなく、自力で改善努力を行ったケースと外注したケースとを比較すべきこと、また、ＢＰＯの見逃されがちな効果としてマネジメント人材の不足を補うなどがあることを示している。

第八章「攻勢に出るオフショア・ビジネス」は、低賃金労働力の活用、コスト削減を目的に始まったアジア諸国へのオフショアリングが、高スキル・高付加価値サービスを活用するためのものへと変容しつつあること、さらには、新規事業参入のための有効手段となっている実態を、デルをはじめとする事例を用いて論じている。汎用的な業務のコスト削減策という、従来のオフショアリングの位置づけに対して、一石を投じる一編である。

第九章「ドイツ銀行のＩＴ革命」では、ドイツ銀行ＣＯＯ兼ＣＩＯのヘルマン‐ヨゼフ・ランベルティ氏が、同行が実行したＩＴ改革を生々しく語っている。ドイツ銀行は、二年間でＩＴコスト総額の二五％、一〇億ユーロのコスト削減を行い、一方で新規業務への投資を増やすという大成果を収めた。「改革の第一歩はコストの可視化だった」と言う氏の言葉が象徴するように、同行のＩＴ改革は驚くほどシンプルな考え・原則に基づきながら、大胆な施策を次々と打ち出してきた。この経験は多くの日本企業にも大いに役立つものである。

最後の第一〇章「ユニクロの高収益を支える『業務改革』とそれを実現した『ＩＴ』」は、日本において、製造型小売業として独自のビジネスモデルを切り拓いたユニクロを運営するファーストリテイリングの副社長であり、ＣＩＯの堂前宣夫氏へのインタビューである。ＩＴ活用なくして、同社のビジネスモデルは成り立たない。「情報システム部やＩＴ部門という名称が、仕事の幅を機能不十分になるまで狭くしてしまう」「システム化プロジェクトのアウトプットは、システムではなくて、やらなければならない業務の特定と、現場でのその実現」「システム投資だけを見て費用対効果の議論をするのは意味がない」など、ＩＴ活用の本質を突いた多くの指摘は示唆に富む。試行錯誤を繰り返しつつ、ＩＴ活用の成果を収めてきた経営者の生の声を是非ご一読いただきたい。

本書は「マッキンゼー・アンソロジー・シリーズ」の第五作目である。マッキンゼーでは、コンサルティング業務を通じて得たさまざまな知見や考察を論文にし、これを『マッキンゼー・クォータリー』（*The McKinsey Quarterly*）という季刊論文集にまとめて、クライアント企業の経営幹部の方々向けに発刊している。このマッキンゼー・アンソロジー・シリーズは、『マッキンゼー・クォータリー』誌のなかから、経営テーマ別に、優れた論文や日本企業の関心の高いものを厳選し、再編集して発刊している。本書に収録した論考は、マッキンゼーのビジネス・テクノロジー・グループのメンバーが執筆あるいは監訳したものである。

現在マッキンゼーは世界四五カ国にオフィスを展開するが、ビジネス・テクノロジー・グループには、全社のコンサルタントの約七%にあたる四五〇名ほどが属し、クライアント企業が抱えるIT関連の多様な課題――コスト削減、プロジェクト・マネジメント、アーキテクチャ再設計、組織整備等――の解決を日々支援している。我々、東京オフィスのスタッフは、ビジネス・テクノロジー・グループに属する欧、米、アジア、その他海外諸国の同僚コンサルタントと、各国の企業経営者が抱える最先端の経営課題について意見交換する機会も多い。確かに、ITに関する課題は一見、企業文化や産業構造など、その企業、その国固有の環境を色濃く反映している。しかし、課題の根本にある本質は、経営モデルにITをいかに取り込むかの一点に集約され、万国共通である。日本企業は「環境が異なる」という理由から、外国企業の事例を聞いても耳学問に終わらせてしまうケースが多いが、じっくりと咀嚼すれば、日本企業にとっても役に立つエッセンスは豊富にある。本書にもさまざまな海外事例・論考を載録した。こうした事例・論考から、読者の皆様がなんらかのヒントを得られ、実際の事業運営に取り込んでいただくこととなれば望外の喜びである。

最後に、出版にあたり、ダイヤモンド社の大坪亮氏には、企画段階から進行管理に至るまで、大変お世話になった。心より御礼を申し上げる。また、マッキンゼーの契約エディターの照屋華子氏、アシスタントの松本弘子氏、プロダクション担当の小林みどり氏にもサポートしてもらった。謝意を表したい。

収録した論文の執筆、監訳は、マッキンゼー東京オフィスのビジネス・テクノロジー・グループのメンバーである萩平和巳、金平直人、大隈健史、琴坂将広とともに業務の合間や出張先のホテル、あるいは移動の車内・機内などで行った。この間、私たちを温かく励ましてくれた家族にもここに感謝の意を表したい。

二〇〇五年初春　香港にて

横浜信一

◉目次◉

マッキンゼー　ＩＴの本質

Chapter 5
次世代のＣＩＯとは

Chapter 6
ＩＴをめぐる説明責任と協力体制

Chapter 7 ビジネス・プロセス・アウトソーシング（BPO）から利益を得るには

Chapter 8 攻勢に出るオフショア・ビジネス——コスト削減はほんの入り口にすぎない

Chapter 9

ドイツ銀行のＩＴ革命――ドイツ銀行ヘルマン－ヨゼフ・ランベルティ　ＣＯＯ兼ＣＩＯインタビュー

Chapter 10

ユニクロの高収益を支える「業務改革」とそれを実現した「ＩＴ」――ファーストリテイリング堂前宣夫副社長インタビュー

Chapter 1

Improving IT investment quality

IT投資の質の向上のために

横浜信一

【著者紹介】

Shinichi Yokohamaはマッキンゼー・アンド・カンパニーの東京オフィスのプリンシパル。

本稿は、本書用の書き下ろし論文である。

なぜ、いま、ＩＴ投資の質の向上か

日本企業のＩＴ投資が復活している。政府統計によれば全産業平均で見たＩＴ投資額は二〇〇四年に三年ぶりに増加に転じ、対前年比二〇％を超えた見込みである。これは日本企業において全般的に業績が回復し、また、一九九〇年代後半に行われた投資の償却が進み投資余力が向上したことの賜物である。しかし一方で、多くの経営トップはいまだにＩＴ投資の効果を疑ったり、あるいは、どうしたらＩＴ投資の効果を高められるのかと苦慮したり、という状況にあるのではないだろうか。

九〇年代後半に、アメリカ経済は大きな飛躍を遂げた。そこでは、ＩＴが大きな役割を果たしたと言われている。ここに、マッキンゼーの社内シンクタンク、マッキンゼー・グローバル・インスティテュート（ＭＧＩ）が行ったＩＴ投資に関する調査結果がある。それは、ＩＴ投資が経済成長、なかんずく労働生産性の向上に与える効果を検証したものだ。その調査結果が図表1-1だが、アメリカの産業を約六〇の業種に分類し、各業種の九〇年代後半のＩＴ投資と労働生産性の伸びの相関を分析した。一見して明ら

図表1−1　アメリカにおけるIT投資の増加と生産性向上の相関関係

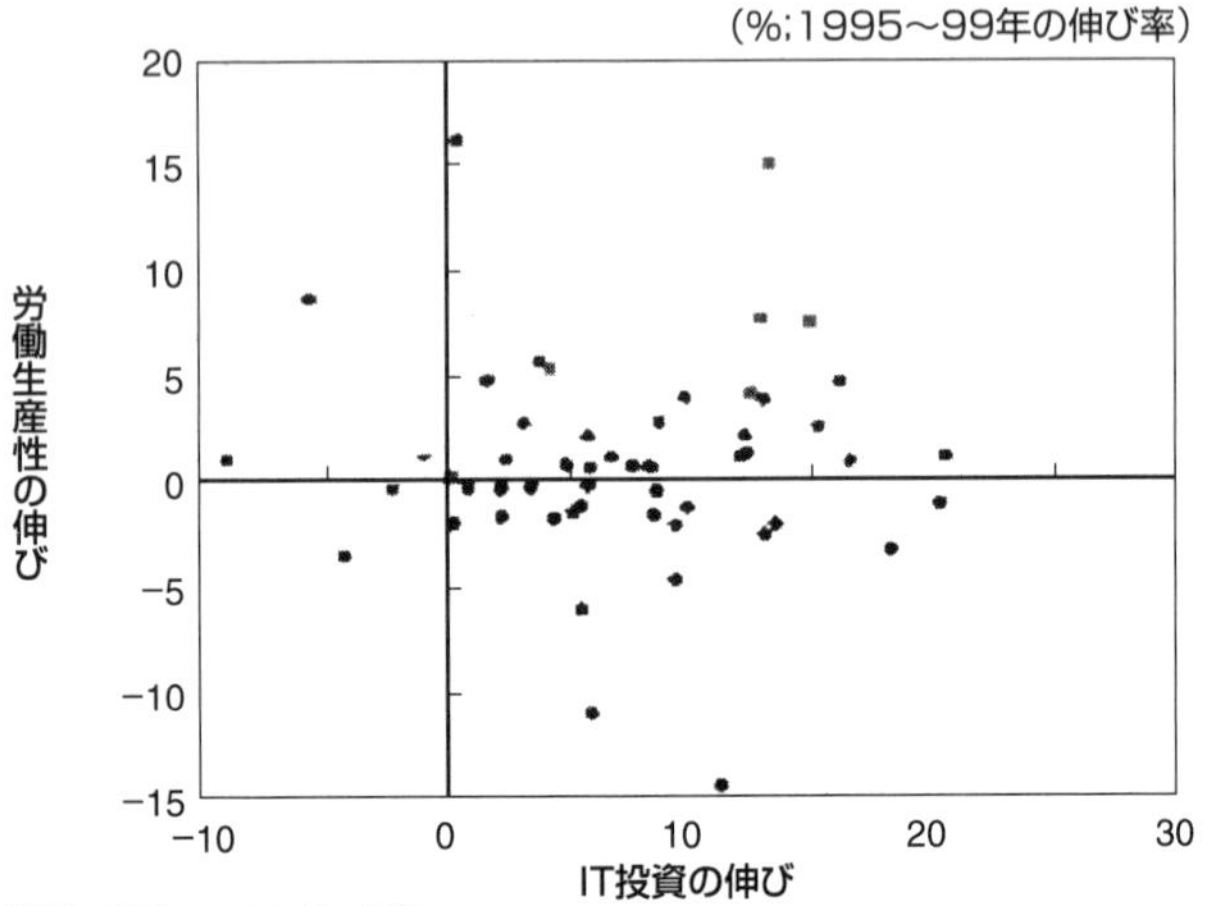

資料：BEA、マッキンゼー分析

かなように、両者に相関関係は見られない。しかし、これをもって「やはりIT投資には効果がない」と結論づけるのは性急である。もう少し詳しく見ていこう。

九〇年代後半のアメリカ経済の生産性向上のほとんどが、約六〇業種のうちのわずか六業種によって実現されている。それらは、小売、卸、証券・商品取引、電子部品・半導体、電子機器、通信である。残りの業種は、個々には若干のプラス、マイナスがあり、束ねてみるとわずかのプラスにしかなってない（図表1−2参照）。九〇年代後半のアメリカ経済の飛躍は、わずか六業種に支えら

図表1−2　業種別に見たアメリカ経済90年代後半の生産性向上への貢献度

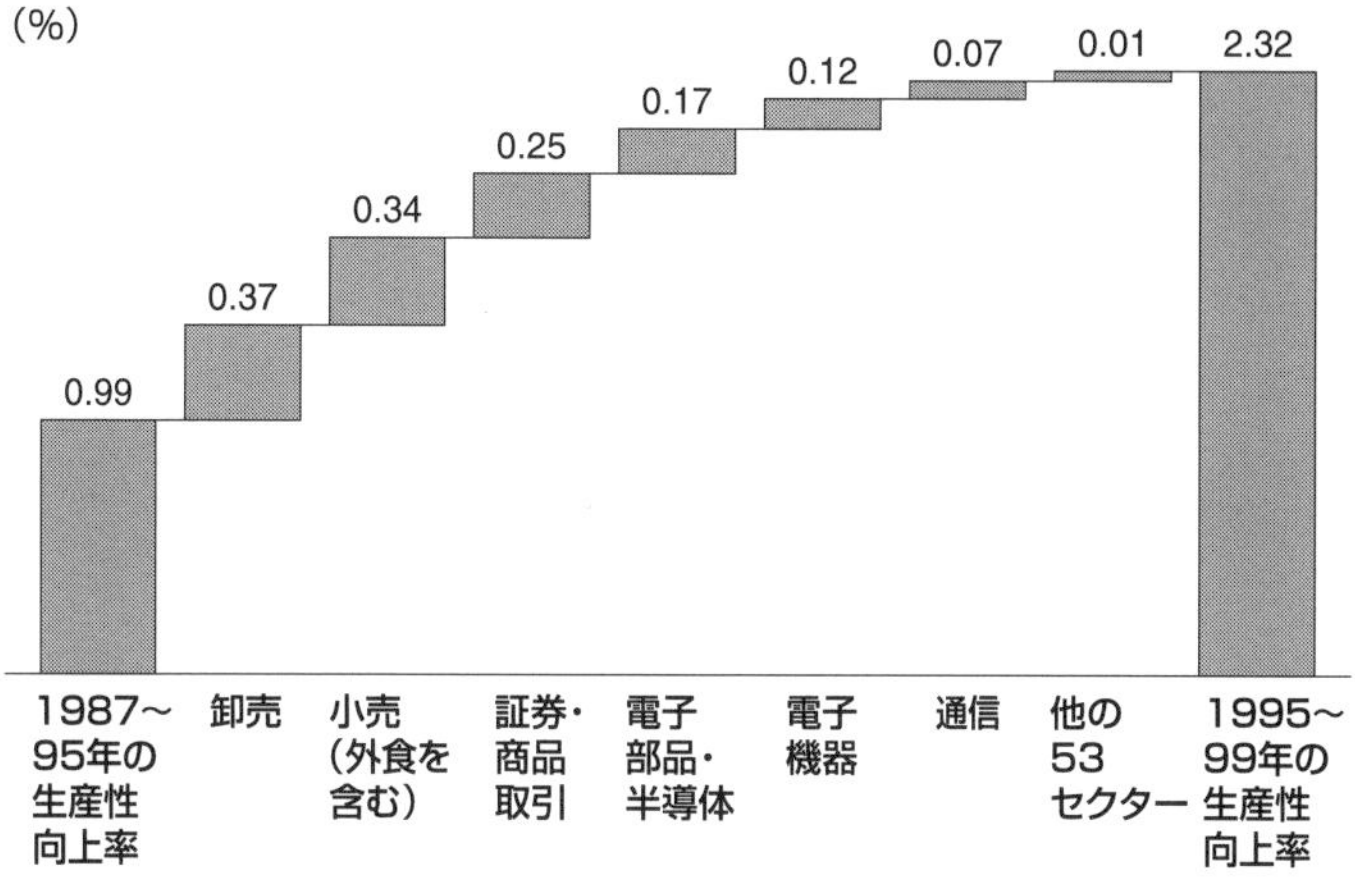

資料：マッキンゼー分析

れていたのである。

では、六つの成長牽引業種に何が起こったのか。それは、イノベーションや規制緩和であり、その結果としての競争である。典型的な例が小売である。ご存知のように、ウォルマートがサプライ・チェーンの効率化を徹底し、新しいビジネスモデルをつくり上げ、業界トップを独走した。しかし、ウォルマート一社の成功だけでは、小売業界全体の生産性向上は説明できない。小売業界全体が、ウォルマートに追いつき追い越せ、とばかりに、生産性向上への努力を行ったのである。図表1−3に示すように、九〇年代以前と終わり

図表1−3　ウォルマートに牽引されたアメリカ小売業の生産性向上

労働生産性

（指数；1995年のウォルマート以外＝100）

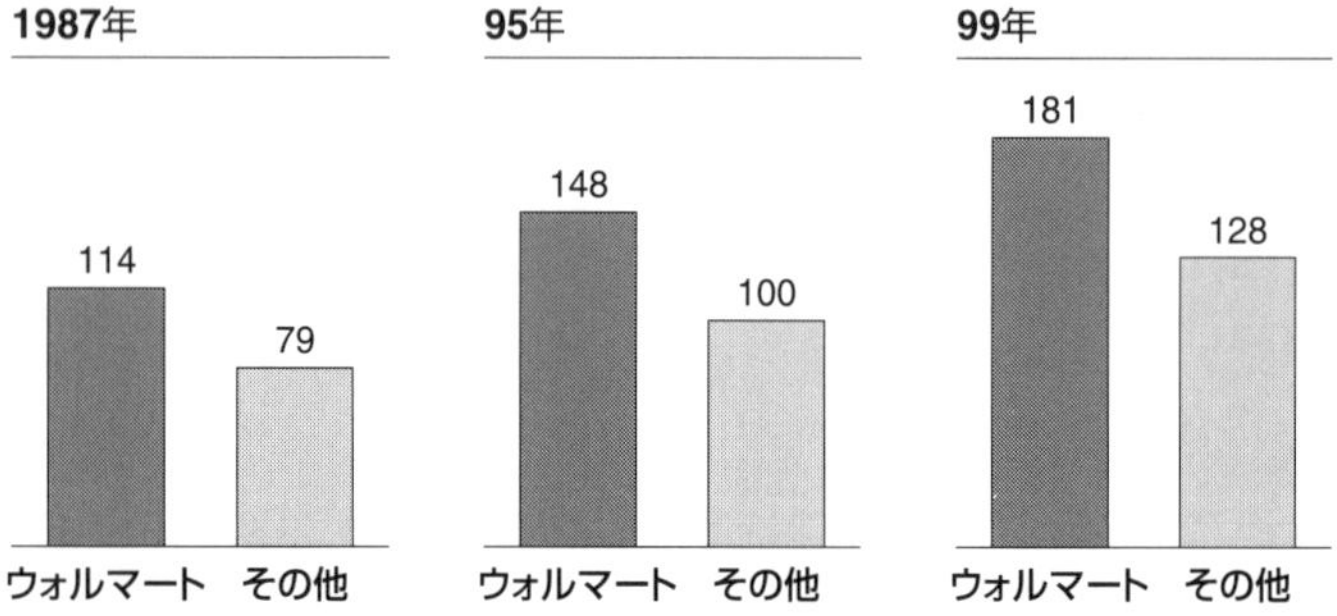

資料：BEA、U.S. Census、10Ks、マニュアルレポート、マッキンゼー分析

を比較すると、ウォルマートだけでなく、他社の生産性も大きく伸びている。

同様の現象は他のセクターでも見られる。電子部品・半導体ではインテル、電子機器ではデルというトップランナーが業界を引っ張り、競争相手も負けじと切磋琢磨した。卸では顧客である小売業界からのプレッシャーが生産性向上へと駆り立てた。証券ではオンライン・トレードの広がりが、通信では無線分野を中心とした規制緩和をきっかけとして、業界内の競争が激しくなりこれが生産性向上へとつながった。

このようななかでＩＴが果たした

のは、ビジネスモデルを具現化するための道具としての貢献である。すなわち、ＩＴがあって生産性が向上するのでなく、まずはイノベーションや規制緩和があって新しいビジネスモデルが生まれ、それを支える道具としてＩＴを活用する。そのビジネスモデルは、競争を通じてさらに進化し、その新たなビジネスモデルをＩＴを駆使して支えていく――。こうしたダイナミズムが存在したのである。

このことが、いま、ＩＴ投資に悩む日本企業に何を示唆するか。それは明らかである。経営者はＩＴが投資効果を生み出すかどうかを問う前に、新しいビジネスモデルを生み出す工夫・努力をしているかどうかを自らに問うべきである。本章のテーマ、ＩＴ投資の質の向上とは、投資テーマを正しく選んでいるかということではなく、ましてや正しいベンダーや技術を選んでいるかといった方法論でもない。行うべきは、他社に対して競争優位をつくるための事業戦略を正しく設定しているか、自社が顧客やパートナー企業に対して提供したいユニークな訴求価値とは何かを考え、それを持続的に実現し続けるための努力をしているか、といったことを侃々諤々、経営陣が議論することであり、そのうえで戦略が求める業務を実行しやすくするため、あるいは業務運営を徹底するために、ＩＴ化を行うことだ。質の高いＩＴ投資とは、こうした営みである。

中国、アメリカなどの海外需要とデジタル家電に引っ張られるかたちで回復してきた景気にやや一服感が見られる一方、成長の牽引力として期待されてきた国内の消費マインドが高まり、良い製品・サービスを提供すれば需要創造につながる環境が整ってきた。企業にとってこれからの数年が、真の成長を遂げることができるのかを試される時期である。このなかで、ＩＴが事業戦略の遂行を支える成長エンジンとして正しく機能するよう、ＩＴ投資を行うことが重要となっている。

日本企業におけるＩＴ活用上の課題

では、個々の企業では、ＩＴに関してどのような課題意識を持っているのだろうか。我々が経営者の方々から耳にする悩みはさまざまで、なかにはボヤキに近いものもあるが、多くの企業に共通しているのは以下のようなものである。

●現行のシステムの維持・運営に支出の過半がとられ、本来行いたい新しい分野へ回す予算が確保できない。

●戦略投資を決定しても、途中で細かな緊急プロジェクトが発生してしまい、大切な戦略投資がずるずると後回しになってしまう。

●ユーザー要件が決まらないために、使われるかどうかわからない機能を盛り込んでしまう。結果としてコストが膨らみ、しかも使われないままになる。

●本社主導で業務用システムをつくったが、現場のニーズに応えられていないため使われない。現場は現場で自ら工夫したミニシステムをつくってしまっている。

●多大なコストを投じてＥＲＰやＣＲＭなどのパッケージを導入したが、使いこなすのに苦労している。機能していないと言わざるをえない。

●社内における戦略立案の過程に情報システム部門が参画していない。多大なバックログを抱えたなかでは、社内の要求をさばく、あるいは断るのに手一杯であり、提案したくてもできない。

●事業部門がそれぞれ独自の投資を行ったため、社内システム全体が複雑化してしまっている。そもそもどこにどれだけのＩＴ資産があるのか、投資と支出をいくら行っているのかすら把握できなくなっている。

実は、こうした課題は二〇年、三〇年も前から言われ続けている。にもかかわらず、ずっと解決されないままになっている。もちろん、各社なりに解決のための努力・工夫をしてはいるが、なかなか解決できないでいるのがＩＴ課題ではなかろうか。したがって、なぜＩＴ課題の解決が難しいのか、その根本原因まで踏み込んで対処することが肝要である。そうしないと、過去の過ちを繰り返すだけに終わってしまう。以下では、ＩＴ課題の解決を困難にしている理由を考えてみたい。

ＩＴ課題解決を阻む五つの理由

我々が日本企業のさまざまなＩＴ関連の課題解決を支援してきた経験では、ＩＴの企画・推進体制の不備から、ＩＴ導入のプロセスや成果の検討の不在まで、五つのファクターが絡み合って課題解決が阻まれていることが多い。

❶ＩＴの企画・推進に関するアカウンタビリティが明確でない

日本企業でも、ＣＩＯという言葉自体は定着し始めた。しかし、ＣＩＯが何をする人なのか、何に対する意思決定を行い、何に対する責任を有する人なのかは不明確なケースが多い。「社内ＩＴシステム全般について責任を持つ役員」というレベルの曖昧なミッション定義では、任命されたＣＩＯがかわいそうである。日本企業では、ＣＩＯの役割のみならず、ユーザー部門と情報システム部門の役割分担や権限・責任も明確でないことが多いが、これではＩＴシステムに関する社内の意思決定は正しく行われない。

ＩＴ投資の企画における目標設定はだれが行うのか。要件定義やベンダー選定、プロジェクト管理はどの部門がどのように行うのか。さらに、業務改革も含めた新システムの現場への定着は、どの部門がどのような権限と責任を持って推進するのか。

こうしたアカウンタビリティが明確にされ、経営陣の間で合意されないといけないが、実際には、暗黙の了解もないケースが多く、ましてや、これらが明確になっている企業はきわめて少ない。その結果、ユーザー部門またはＩＴ部門が起案した案件がなんとなく決裁され、ＩＴ部門が一応ベンダーを管理し、出来上がったシステムをユーザー部門が不満を持ちながら使う、こうしたサイクルが多く繰り返されている。

❷目標がQ（Quality：品質）、C（Cost：コスト）、D（Delivery：スピード）の面から定められていない

ＩＴ化によって現行業務を迅速・正確にする場合であれ、業務の変更・追加を行う場合であれ、最終的に、業務をどう変えたいのか、何を達成したいのかが明確になってい

ないことが多い。顧客満足度や商品発注判断の正確さ等の業務アウトプットの品質面（Quality）の向上なのか、業務を行うための労働量・残業代や不良在庫削減等のコスト面（Cost）の削減なのか、はたまた業務処理にかかる時間の短縮や顧客リクエストへの迅速対応等のスピード面（Delivery）の向上なのか――。どれが目的かが定まっていない。したがって業務のＩＴ化を進めようにも、いったい何を達成したいのか、そのためには業務管理指標の何をどのレベルまで高めたいのかが明確にならない。この結果、システム開発に対してもいったいいくらのコストで、いつまでに、どれくらいの機能のものを構築すべきか、方針が明確にならない。さらに、ＩＴ化がはたして効果を生んでいるのか否かもわからない、という事態を招いてしまう。

ＩＴ投資を企画する部門は、投資の効果に関してあれこれと欲張りがちである。しかし、システム規模が何倍かになると、プロジェクト管理の複雑度はその指数倍になる。その結果、欲張った案件は多くの場合、工数オーバーとなったり当初想定されていた機能を満たせなかったりで、ユーザーに活用されなくなる可能性が高い。目的を絞り込み、機能やユーザーへの浸透を徹底したほうが、むしろ高い効果を得られる、という点を銘記すべきだ。

また、多くの企業では、ＩＴ投資案件はユーザー部門からの発案で始まる。発案者の視点では、目的・目標が明確に設定されていたとしても、ボトムアップ型の発想の限界として、全社横断的な視点から見ると齟齬があることが多い。結局、全社最適の視点から事業の生産性や収益性を高めるための目標は設定されず、発案部門は一生懸命だが、関連部門は我関せずでしらけていたり、目標達成にもコミットしていない、といった状況がつくり出されてしまう。

❸外来語を意味が曖昧なまま受け入れる

ＩＴ分野に多い横文字のコンセプトやソリューションは、一見聞こえがよいが、実は意味が曖昧だったり、複数あったりする。かつてのオープン化やＥＲＰ、ＣＲＭ然り、いま、盛んに喧伝されているＥＡ（Enterprize Architecture）やＳＯＡ（Service Orinted Architecture）然りである。何かいいことがありそうだが、具体的に突き詰めてみるとよくわからない。それなのに、曖昧な理解のまま受け入れてしまっていることが多い。

確かに、これらの新たなコンセプトによってユーザー企業の潜在ニーズが喚起されてきた。しかし、ベンダーが勇ましく次から次へと生み出してくるコンセプトやトレンドに追随した企業のすべてが、本当に事業効果を得られたか、というと否である。また、ＥＡやＳＯＡの導入を検討している企業のなかで、これらのコンセプトと自社戦略との関連や、導入による業績効果を、明快に説明できる情報システム部門が、どれほどあるだろうか。

問題は、コンセプトの理解が曖昧なために、社内やベンダーとの議論が、表層的なふわっとしたものにとどまり、本当に突き詰めるべきところまで考えずに、意思決定を済ませてしまうことである。その結果、「そんなつもりじゃなかった」と同床異夢状態に陥りやすい。もっと踏み込んで言うと、うまくいかなかった時に、言い逃れを許しやすい。

ベンダーの提案するITソリューションを否定しているのではない。問題は、ユーザー企業の側にある。ITベンダーが提案するITソリューションは、経営・業務の観点で見るとツールでしかない。何のためにどのような道具が最も有効か、ユーザー企業は本来、議論を尽くす必要があるが、流行のITトレンドを安直に稟議に上げるケースが多い。当該のソリューションが自社の経営・業務のポイントに役に立つのかを考え、自分の言葉で表現できているかを確認することが大切である。

❹ベンダーとの協働が必須にもかかわらず、うまく活用できない

ITの世界は技術進歩が速くかつ多様な技術が出現し、必要な知識・エキスパティズ（専門的知見）も飛躍的に増大し続けている。こうしたものすべてを社内で賄うのはス

キル・人材面で無理がある。必然的に、外部のＩＴエキスパートを活用することになる。法務であれば法律事務所、会計であれば会計士事務所を使うのと同様の理屈だが、大きな違いがある。法務や会計の世界では、背景に規定・ルールが、場合によっては法令が明確にあり、エキスパートはこうした厳格なルールに基づいた知識を活かして活躍しやすい。これに対し、ＩＴの世界ではそうしたルール・規定が存在しない。しかも外部エキスパートは最終的には多額のシステム開発業務を請け負うベンダーであることが多い。エキスパートといいながら、仕事を請け負う立場としての遠慮から、顧客企業の指示や要望に従うだけの下請けになりがちだ。

そのうえ多くの場合、企業サイドで外部エキスパートとしてのベンダーに接するのは情報システム部門であるが、前述のように、目標が不明確、意思決定に至る議論や意思決定そのものも曖昧であるために、ベンダーに明確な指示・要請を出すことができずにいる。結局ベンダーが持つエキスパティズをうまく引き出せないまま、時間に追われて設計・開発に突き進んでしまう。最近では情報システム部門ではなくユーザーとなる事業部門が直接ベンダーと接点を持つケースも増えているが、目標不明確、曖昧な意思決定という状況では、本質的には何ら変わるところがない。これではベンダー側がプロジェクト途中での要件変更を想定して、コストを高めに見積もることにもなりかねない。

ＩＴ投資の効果を大きく左右するのは実装技術でもＳＥ単価でもなく、そもそも投資を通じて達成を目指す目的・目標の設定が正しくできているかどうかである。ベンダーはそれを実現するための技術パートナーであり、外部エキスパートである。こうした点を省みず、ベンダーに頼りっぱなしだったり、反対にベンダーを業者扱いして買い叩けばよいと思い、うまく活用できない企業がまだまだ多い。

❺システムの完成自体が目的化し、成果や構築プロセスが見落とされがち

システム構築・導入は、ほとんどの場合、ベンダーも含めた関係者が多大な努力をし、なんとかカットオーバーにたどり着く。しかし問題なのは、そうして導入したシステムが現場業務で使われていないものが多いことと、その原因が究明されないままになってしまうことだ。

システム開発にまい進しているうちに予定どおりにカットオーバーすること自体が目的になってしまい、完成したら万々歳、そのシステムが役に立っているかどうかの確認・検証が忘れられてしまう。さらに、カットオーバーに至る過程でどんなに非効率や手戻りがあっても、のどもと過ぎればなんとやらで、忘れさられてしまいがちである。実は、こうした途中の非効率にこそコスト高の原因があるのであり、また、使われな

い・効果の出ないシステムをつくってしまう原因がある。これでは、真の課題にはいつまでたってもメスが入れられない。

また、システムの導入効果や推進に対して社内で明らかな不満が見られる場合にも、そのプロセスで何が本質的に問題だったかを分析・検証することはほとんど見られない。これは、ユーザー企業のＩＴ投資・推進におけるＰＤＣＡ（Plan, Do, Check, Action）サイクルを断つだけでなく、情報システム部門・ユーザー部門・経営陣・ベンダー間の相互不信を温存・助長するので、絶対に避けなければならない。

以上、ＩＴ課題を解決しにくくしている根本原因を五点挙げてきた。お気づきのようにこれらは相互に絡み合っている。企画・推進のアカウンタビリティが不明瞭であり、ゆえに目標設定が曖昧となっている。この背景には、ＩＴコンセプトの理解・消化不足があり、それが目標設定をはじめ、ＩＴ企画・推進に関わる議論を突き詰めることなく終わらせている。また、ＩＴ推進には外部エキスパートの活用が必須だが、目標が定まらないなかではうまく使いこなせない。さらに、いったんシステムをつくると、成果や途中過程の非効率が見落とされて課題が隠れてしまう——。これは、いわば合併症のようなもので、問題があるのはわかっていながら、どこから手をつけたらいいかがわからない状態に陥っている、これがＩＴ課題の実態である。

処方箋

それでは、これらの阻害要因を解消するにはどうすればよいだろうか。先に見たように五つの要因はお互いに絡み合っており、一つ一つに対応するよりも、その根底にある本質的問題を順序だてて解決することが重要である。その処方箋を事例も交えつつ見ていきたい。

❶ＩＴコストの可視化

第一歩はＩＴに関し、自社がいったいどれくらいの資産を保有し、どこにいくらのコストがかかっているのかを可視化することである。いわば、ＩＴに関するバランスシートと支出帳を整備することと言ってもよい。資産評価には、全社のライセンスコスト（総数・単価）やシステム構成、利用度、サーバー稼働率なども含まれる。また、キャッシュの支出だけでなく、社内人材が使う時間コストも含めて評価する。そうすることで、会社全体で見た時に、いったいいくらのコストをかけてどうした便益を得ているのかを経営陣の前に明らかにする。

ＩＴコストの可視化の威力は大きく、これまでは現場担当者同士の交渉で済まされていた投資判断や案件間の優先順位付けが、経営の視点から行われるようになる。そうするだけで不要不急の案件は急速に減少する。ＩＴ部門は忙しく働いており、コストもかかっているが事業面で効果が出ない、といったブラックボックス状態を抱える企業はまず、ＩＴコストの可視化に着手すべきである。

❷ＣＩＯを核にした議論の場を設定

ＣＩＯを、情報システム部長の延長ととらえている会社は多い。しかし実際にいま求められているＣＩＯとは、業務改革・改善などを語り、事業価値の向上を考え、推進するリーダーである。欧米ではすでにそのような真のＣＩＯとも呼べるリーダーたちが出現している。真のＣＩＯは、事業成功の本質や業務プロセスのカギ、会社全体の情報の流れ・業務フローなどを大局的に把握し、その改革・改善の全社的リーダーシップを発揮する役員であり、ＣＥＯに最も近いポジションの一つとも言える。

大切なのはＣＩＯを核に、ＩＴ投資について透明性の高い議論が経営陣の間で行われることであり、そのための仕組みが社内に組み立てられ、機能していることである。ここで言う仕組みとは議論がなされる会議体、会議体での討議材料をわかりやすく準備する機能、決定すべきことは先送りせずにタイミングよく決定する経営陣の意思、決定事項の進捗をモニターして現場に実行させる規律などである。

ＩＴ企画・投資にあたっては、目標とする事業効果を設定していく。本書第一〇章のインタビューに登場するファーストリテイリングの堂前宣夫副社長も語るように、システム単体を取り上げて事業への貢献を議論することは困難で、システムも含めた業務の改革や改善が事業にどれだけ貢献したか、を考えるべきである。したがって、ＩＴ投資の目標設定は、業務運営・改善面でリーダーシップをとれる幹部を中心に行う。本来のＣＩＯを置ければ理想だが、組織構造や人材面の制約からそれが厳しい場合、我々の経験では、ユーザー部門の長にその任を負ってもらうのも有効である。

我々が支援したある企業では、将来の社長と目される常務をＣＩＯとし、彼を中心に業務変革とＩＴに関する社内チェック・アンド・バランスを確立していった。ＩＴの経験はないが事業全体では非常に影響力の強い人物をＣＩＯにすることで、ＩＴに対する不退転の決意を内外に示し、業務変革を強力に推し進めた。ＩＴに関する意思決定のハブとなる過程で、そのＣＩＯは全社の業務やその構造を理解し、さらにシニアな役員になるための素養を身につけていったのである。その後、彼は昇進を重ね、いまや次期社長の呼び声が高い。

❸ＰＭＯ（プロジェクト・マネジメント・オフィス）など中立的チェック機能の設置

情報システム部門やユーザー部門がＩＴ企画・推進を行っていると、目先の業務やタスクをこなすことで手一杯になり、目線を上げて社内全般を見渡す余裕がなくなって、個別最適や独り善がりになっていく可能性が高い。また、プロジェクトがうまくいかなかった場合、ＩＴ推進の現場では、お互いに罪をなすりつけ合ったり、ベンダーが悪者にされたり、皆で取り繕って臭い物に蓋をしたり、いずれにせよ前向きな解決はされにくい。

こうした状況を打開するため、プロジェクト・マネジメント・オフィス（ＰＭＯ）といった第三者的なチェック機能を設けることが有効である。これによって、現場に対する気づきや改善を促すことができる。ＰＭＯは組織的には情報システム部門、ユーザー部門のいずれからも中立・独立の位置づけで、人数はその企業の開発案件数にもよるが数名から一〇名規模の要員で組成される。スタッフはＩＴに詳しい人材だけではなく、むしろユーザー部門の内情に詳しいスタッフ、そして経営全般についても理解しているスタッフで構成する。そうした人材を揃えることで、システムの企画段階から開発中、そして導入後に至るまで、社内のＩＴ投資・運用が効果的に行われているかを経営陣が評価するための材料をつくる。

企画段階では、ＩＴ投資の目的・目標が正しく設定されているか、事業戦略遂行にどう貢献するのかを、ユーザー部門、情報システム部門双方の言い分を取り入れて明らかにする。また、開発中の案件に関しては当初設定したスケジュールどおりに進んでいるのか、プロジェクトが難航したり計画に変更がある場合にはそれが事業戦略にどのような影響を及ぼすのかなどを、随時経営陣に提示する。

システムは導入後も、その効果や導入過程を検証することが不可欠であり、ＰＭＯは、当初の目標が達成されたのか、もしそうでなければ、導入過程でどういう改善すべき点があったのか、導入後も業務面の運用対応などでどのように効果を改善できるのかなどを客観的に検証する。犯人探しではなく、あくまでも、〝組織知〟の向上のために、客観的に分析する。罪を憎んで人を憎まずの精神で、問題だけを深掘りしていく。そこで得た経験は必ず次回以降のＩＴプロジェクトや組織・機能改善、人材育成に活かす。

我々が支援したあるプロジェクトのケースでは、ＰＭＯの機能を設けることで、ＩＴ企画・推進に対するチェック機能を確立し、その結果を社長を含めて経営陣に報告する場を設けた。それまではＩＴ企画・推進に対して十分なチェックが働かず非効率なＩＴ投資・推進を許容していただけでなく、うまくいかなかったプロジェクトに関しても本質的な原因究明がなされず開発コストの肥大化が常態化していたのに対して、ＰＭＯがさまざまなプロセスの経過チェックと導入後の検証・評価を行うことでＩＴ企画・開発の場にルールと規律を確立した。この結果、ユーザー部門・情報システム部門とともに導入案件の効果や継続的改善を考えるようになり、ＩＴの企画・開発・運用が適切かつ効率的に行われるようになった。

❹ユーザー部門のノウハウの集積と活用

ＩＴの企画・開発、そして何よりもその後の運用を効果的に進めるには、ユーザー部門のノウハウ活用と巻き込みが不可欠である。しかし実際には、ユーザー部門は現場で実務をこなすのに精一杯で、プロジェクトに専任者を出す余裕はない。したがって、人材交流の流れをつくって情報システム部門にも業務ノウハウを蓄える、プロジェクトに際してはユーザー部門のエース級を担当業務と兼任でいいのでメンバーに任命する、などの施策が必要である。

第一〇章のインタビューで示すように、ファーストリテイリングでは情報システム部ではなく、業務システム部を設置し、主要な業務プロセスの担当者を置き、その担当者が業務改善を企画し、この一環としてＩＴの企画・導入・運用を行っている。これは、かなり先進的な取り組みである。

我々が支援したあるプロジェクトでは、各事業や業務プロセスのキーパーソンを兼任でプロジェクトメンバーに迎え、さらにうち一人のリーダーシップに長けた人材を専任とし、リーダーとした。そうすることでプロジェクトには、現場に埋もれ体系化されていないノウハウが集積され始めた。それをもとに体系化された新たな業務フローを構築することで、キーパーソンたちに従うかたちで業務変革が比較的スムーズに行われた。

❺事業の本質に根ざしたＩＴ戦略の策定

ＩＴ投資が全体最適でない、ＩＴ投資の目的が絞られていない、曖昧なコンセプトに踊らされるといった課題は、本質的なＩＴ戦略が不在であることに起因する。ＩＴを企画するものは、自社の戦略や業務の現状に基づいて、まず業務改革案を考え、次にそれに基づいてＩＴ施策を考える必要がある。

サーバ統合やセンター統合などが「ＩＴ戦略」として語られることもあるが、これは販管費低減以上の事業的意味を持たない。本当のＩＴ戦略を策定するには、事業の生産性・収益性を向上する最大のレバー（梃子）は何か、その向上のために業務を、必要によっては組織をも含めて、どう変えるべきかを追究する必要がある。ここを起点に、どのようなＩＴツールが必要かを考えれば、ベンダーが提唱する曖昧なコンセプトに惑わされずに、必要な技術・ＩＴソリューションを選定できる。次々に出てくる新しいＩＴコンセプトを把握すること、それ自体は重要だが、これは社内のテクノロジストに任せて、ＩＴ企画を行う者は業界・自社の分析と改革・改善策の検討に多くの時間を割くべきである

また、ヒト・カネ・時間の制約条件を考え、経営的観点で案件全体を見回して、優先順位付けを行うことも重要である。

我々が携わったある企業のＩＴ戦略プロジェクトを例に挙げよう。その会社の事業分析から、年々の業績を大きく左右するのは在庫の廃棄費とヒット商品の有無であることが明らかになった。このうちコントロールしやすい在庫量に焦点を絞り、チャネルにおける商品の売漏れ・売残りを削減すべく、ＳＣＭによる販売強化・生産量調整をＩＴ戦略の主テーマに据えた。プロジェクトでは終盤まで、パッケージソフト使用の有無や、システムの議論はしなかった。まず行ったのは、現場の業務ノウハウを集積し、会社全体の販売・生産管理業務の底上げを可能とする業務モデルの構築であり、そのモデルの

パイロット試行であった。その後、ＩＴ化・実装の過程ではユーザー部門を巻き込んでさまざまな試行・教育を行い、導入後も新業務プロセスの定着・改善に多くの労力を費やした。その結果、事業目標であった在庫量を削減したのみならず、業務ノウハウの底上げにも成功したのである。

❻ベンダーとの信頼関係・パートナーシップを築く

パートナーとして信頼できるベンダーを獲得するには、過度に依存するのでも、業者として叩くのでもなく、中長期にわたって健全な緊張関係を保つ努力が必要だ。ベンダーのキーパーソンを叱咤激励し育成することも必要だろう。常に健全な知的プレッシャーがなければ、ベンダーは育たない。また、ベンダーも、適正な利益を確保できるユーザーでなければ、知的プレッシャーに耐え、期待に応える優秀な人材を担当者にはしない。ユーザー企業はベンダーとｗｉｎ－ｗｉｎになるよう知恵を絞り続ける必要がある。

メインフレーム全盛時代には少なからずいた、ユーザーのコアプロセスを含む業務を熟知した担当者が、システムが細分化されていくにつれ、ベンダー、ユーザー企業双方から失われつつあるのは憂慮すべきだ。企業の競争力の源泉は、ビジネスシステムとそれを支える社風や人材にあり、システムの付加価値は技術ではなく、いかに業務を支えるかにある。ＩＴ現場から業務プロセスの理解が失われつつあるのは、日本企業の業務ノウハウまたはシステムの付加価値の喪失を意味する。

こうしたなかで知恵を絞ってベンダーとｗｉｎ－ｗｉｎの関係をつくり上げていくためには、流行りものの導入とは一線を画し、自社の業務プロセスのどこをどう強めたいのかにこだわりを持って、時にはベンダーを育てるつもりでその仕事に口を挟む覚悟が必要だ。ベンダーに対しては性悪説ではなく、性善説に立って、自社のすべてをさらけ出してつきあっていく、そうした覚悟がかえって好結果をもたらす。

我々がＩＴ戦略策定を支援し、システムまで落とし込む時には、仕様策定などベンダーとの共同検討期間を非常に重視する。というのは、そこに至るまで議論してきた業務フローなどの本質を理解してもらえなければ、いかに要件定義を緻密に行っても、実装を経るにつれ、似て非なるものに化けていくからだ。業務やその本質をベンダーが理解してくれていれば心強いし、実装のコストを考えると、はじめにかける労力は安上がりでもある。したがって、我々がベンダー選定を支援する時も単に価格や経験を評価するのではなく、ユーザー企業の業務をどう変革するのかについての丁々発止のやりとりを通じて、その真髄を理解してもらうように努力するのだ。

ベンダー側も、真のパートナーとなれるように顧客の業務や課題を理解すべく努め始めた。ユーザー企業とベンダー間の健全な緊張関係に基づく、ｗｉｎ－ｗｉｎモデル構築の素地はできつつある。

多くの日本企業が、経営においてＩＴの有効活用が重要であるとの認識を持ち、自社のＩＴ投資の質に不安を感じながらも、この問題に経営の視点から切り込むことに躊躇してきた。その理由は、技術的な理解がないと対応が難しいのではないかという思い込みや、課題自体が複雑であるために手をつけるのが億劫なことだ。

しかし、これらは経営の意思によって乗り越えることができるものである。日本企業が成長軌道に乗ろうとするならば、いまこそ、そうした躊躇を捨て去って、自社独自の経営モデルのなかにＩＴを活かして、ＩＴ投資の質的向上を図るための取り組みを始めるべきだ。その具体的なあり様は各社各様であろうが、本章に挙げた処方箋が一助となれば幸いである。

Chapter 2

Getting IT spending right this time

今度こそ正しいIT投資を

ダイアナ・ファレル
テラ・ターウィリガー
アレン・ウェブ

金平直人・監訳

【著者紹介】

Dian Farrellはマッキンゼー・グローバル・インスティテュートのディレクター。
Terra Terwilligerはマッキンゼー・アンド・カンパニーのウエストコースト・オフィスのコンサルタント。
Allen P. Webbは同パシフィック・ノース・オフィスのコンサルタント。

本稿の初出は、***The McKinsey Quarterly,*** 2003 No.2

Getting IT spending right this time
The McKinsey Quarterly, 2003 No.2

一九九〇年代後半のＩＴへの過剰投資の反動から、経費節減のことしかＣＩＯの頭になかったとしても無理はない。実際に、ＩＴ予算の削減額でＣＩＯの業績賞与を決めている会社もあるくらいだ。(注1)

しかし、ＩＴ投資を過剰に抑えることは、たとえ不景気の下であっても危険をはらんでいる。組織の生産性の劇的な向上はもとより、かつてウォルマートやデルをはじめ多くの企業が示してきたような、競争の意味をも再定義するほどの効果をもたらす可能性を放棄することになるからだ。ＩＴを賢明に活用するには、「何に」「いつ」投資すべきかを知ること、すなわち、以下の二つの問いに答えることが必要である。第一に、どの技術に投資すれば、差別化・持続可能な優位性につながるのか。第二に、他社に先駆けて投資すべきか、それともリスクやコストが下がるまで待つべきなのか、である。ただし、業種ごとの特殊要因が複雑であることに加えて投資抑制への要請も強まるなか、これらの永遠の問いに答えることはますます難しくなってきている。

この問題を複雑にする原因は、ＩＴに対する間違った認識にある。つまり、最初はすべての課題を解決する万能薬ともてはやしながら、その期待が実現不可能となるとＩＴを嫌悪するのである。多くの先進事例は、ＩＴだけでは生産性を向上させるには不十分であることを示している。生産性の向上には、製品やサービスの提供方法を根本的に変えるほどの経営上のイノベーションが必要だ。そして、ビジネスプロセスの改善や組織能力の向上と最適なテクノロジーの導入とを同時に実現することで、景気の良し悪しにかかわらずイノベーションを生み出すことは可能なのである。(注2)

ＩＴ投資を成功させるための大原則

成果を生むＩＴ投資とは、どのようなものだろうか。マッキンゼー・グローバル・インスティテュート（ＭＧＩ）は二年間をかけてＩＴと生産性との関係を調査し、ＩＴ導入が経営のイノベーションにつながった時、最も生産性が向上することを見出した。イノベーションとは新しい製品（高速のマイクロ・プロセッサなど）、サービス（携帯電話からのインターネット・アクセスなど）、またはプロセス（証券のオンライン取引など）の創出だけでなく、テクノロジーを用いて既存の強みをさらに強化し、業務プロセスの質を飛躍的に向上させることも意味する。ウォルマートはすでに持っていた効率のよい物流ネットワークをＩＴに結びつけることで最先端のＳＣＭ（サプライ・チェーン・マネジメント）を実現し、小売業全体における当時の生産性の限界を打破することに成功した。(注3)

ＭＧＩの調査によれば、イノベーションを実現し、誤った目的でのＩＴ投資や簡単に模倣されてしまうシステムといった過ちを繰り返さないためには、二つの大原則を守り抜く必要がある。第一に、最も効果的に競合との差別化をもたらす生産性向上の「レバー（梃子）」が何かを見極めることだ。競争優位をもたらす少数のレバーに狙いを絞ったほうが、あらゆる面を改善しようと四苦八苦するよりもはるかに成果を生みやすい。そして、このレバーに直接作用する業務プロセスを進化させ、組織としてのオペレーションの強みに貢献するようなＩＴプロジェクトこそ最も有望なのである。ただし、この方法を選択した場合には、他の業界から聞こえてくるＩＴのサクセス・ストーリーに惑わされないよう十分に注意しなければならない。ある業界で重要だったレバーが他の業界にはまったく効かないことが大いにありうるからだ。

第二に、投資の適切な順序とタイミングを見極めることだ。テクノロジーは急速に「拡散（多くの競合他社が同様のテクノロジーを採用）」してしまうことも多く、その場合、先行導入による優位性は長続きしない。しかしながら、根本的なビジネスの変革を伴い、他社が追随できない優位性をもたらすテクノロジーであれば話は別だ。ＩＴ投資が成果を生むには、導入しようとするテクノロジーが競争環境にもたらす影響、とりわけ拡散の可能性を見据えたうえで、適切なタイミングで投資することがきわめて重要だ。他に先んじて投資する意味があるのは、模倣が難しいか、模倣されても成果を享受し続けることができるか、または模倣されるまでの短期間であってもきわめて大きな成果が見込めるようなテクノロジーの場合である。そうでなければひとまず投資を抑えておき、競合他社による投資の成否を検証してから参入して安価に成果を得ることも可能だ。

二つの大原則に沿ったIT投資を成功させられるか否かは、技術者だけでなく、経営者の肩にもかかっている。情報システム部門だけでは、自社の競争優位につながる生産性のレバーや、テクノロジーの拡散を左右する業界の競争力学を深く理解することは難しいからだ。生産性向上、競合差別化、ひいてはイノベーションを達成するIT投資は、テクノロジーに関する戦略策定を支援し、しかも結果についての責任を負うことのできる経営層の参画があって初めて可能となるのである。

イノベーションと拡散

IT投資はイノベーションに寄与することで生産性を飛躍的に向上させうるという我々の見解は、一九九〇年代後半のアメリカにおける驚異的な生産性向上に関してMG

Iが行った研究成果に基づいている。この研究(注4)では、生産性が華々しく向上するのは、競争激化の結果、業界各社がイノベーションと模倣を強いられた時であると結論づけている。医薬品卸売業界を例にとってみると、川下の小売店の合従連衡が卸売業者の淘汰を迫った結果、各社は争って倉庫を自動化し、効率を大幅に向上させたのだった。

経済全体にとって望ましいのはこうした急速なテクノロジーの拡散かもしれないが、個々の企業にとっては、テクノロジーから最も大きな利益を得られるのは競合が簡単には真似できない場合である。競合他社もみな導入しているITアプリケーションは新たなコスト増になるだけで、もはや競争優位の源泉ではない。当然のことながら、後発者のほうが安く容易に、同アプリケーションによる改善を享受することが可能となる。

たとえば小売の世界では、中央支援システム、自動倉庫管理システム、POS（店舗販売時点管理）システムなどはいまや大企業であればどこでも導入している基幹系システムであり、業界全体の生産性を向上させてはいるものの、個別企業に何ら競争優位を与えるものではない。便益は、これらのシステムのおかげで安く便利に買い物ができるようになった消費者に帰することになる。テクノロジーが急速に拡散する最も極端なケースは、横並びの投資の熱狂に浮かれて、各社が似たようなテクノロジーを一斉に採用する場合である。一九九〇年代後半におけるCRM（カスタマー・リレーションシップ・

マネジメント）やＥＲＰ（統合基幹業務システム）がその端的な例であろう。

一方で、取り組み次第ではＩＴが新たな製品、サービス、プロセスの創出や既存の優位性の大幅な向上をもたらす。すなわち、イノベーションを生み出すこともまぎれもない事実だ。ＩＴがビジネスプロセスの変革と相まって、あるいは、規模の経済、範囲の経済、高度な知的資本といったより持続可能な優位性と組み合わさることで、競合の追随を許さないようなイノベーションを起こすこともある。ただし、言うまでもなく、そうしたＩＴ活用のためには、戦略の根幹に関わる重要課題に答える必要がある。すなわち、本質的な競合差別化をなしうるようなＩＴ投資先をどうやって見つけ出すのか。また、厳しい競争のなかで持続的に価値を得るために、ＩＴ投資をいつ、どのような順序で行うべきなのだろうか。

差別化するための投資

すぐれた成果を生むＩＴ投資先を見つけるためには、自社の生産性を飛躍的に向上させるレバーが何であるかを注意深く吟味する必要がある（図表2-1参照）。各レバーは

図表2−1　**生産性向上のレバー**

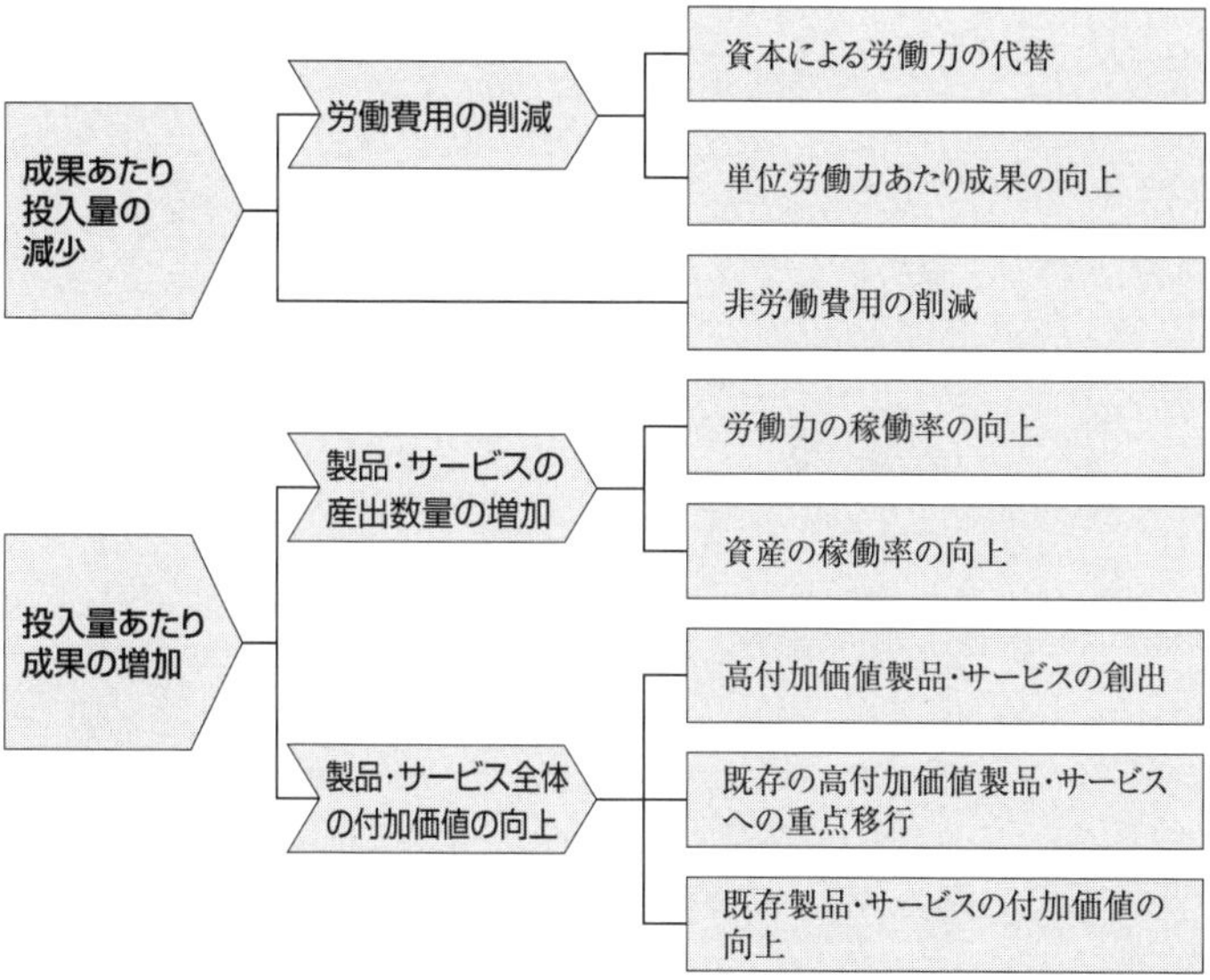

異なった特徴を持ちつつも、それぞれが実に幅広い改善機会を含んでいる。レバーごとの重要性はまちまちで、業種やビジネスモデルによっても大きく異なる。これらのなかから、ＩＴ投資で改善を狙った場合に真の競合優位を生み出すレバーがどれかを選び出さなければならない。多くの場合、競合優位を生み出すレバーとは、現在のオペレーション上の強みを進化させるものであり、その強みに立脚している。ＩＴ人材や予算が足りない現実を考えると、リソ

ースを集中的に配分するレバーを絞り込むことはきわめて重要である。

実際のところ、生産性の向上が最も顕著に表れた事例のなかには、単一のレバーに集中した結果であるものが少なくない。たとえば、半導体製造業においては、インテルを中心とする主要プレーヤーたちが新たな高付加価値製品の創出に集中した。その結果、マイクロプロセッサとメモリー・チップの性能は価格をさほど上げることなく指数関数的に高度化し、製造業者はめざましい生産性向上を果たした。急激に複雑さを増すチップをより短期間で設計・製造することを可能にするうえで、IT(たとえばEDAツールなど)は決定的な役割を果たしている。これは、ポテンシャルの高いレバーに特化して投資することがいかに重要かを端的に示す例と言えよう(図表2-2参照)。

重要なのは、正しいレバーを狙うという点に尽きる。一九九〇年代、ITが大きな生産性向上をもたらした各業界においては、リテールバンキングでは手作業の自動化、ホームセンターでは従業員の業務効率向上、そして半導体のDRAM分野では生産量の飛躍的増加がレバーであった。一方、狙うレバーが適切でなかったITシステムは、うまく導入された場合でも大きな改善をもたらしていない。半導体製造工場における人員配置最適化の試みはその一例である。

企業および業界全体の収益構造を決定づける諸要因を理解し、なかでもカギとなる要

図表2−2 | ITツールによる生産性向上

ASIC（特定用途向け集積回路）の設計に対するEDA（電子設計自動化）ツールの影響

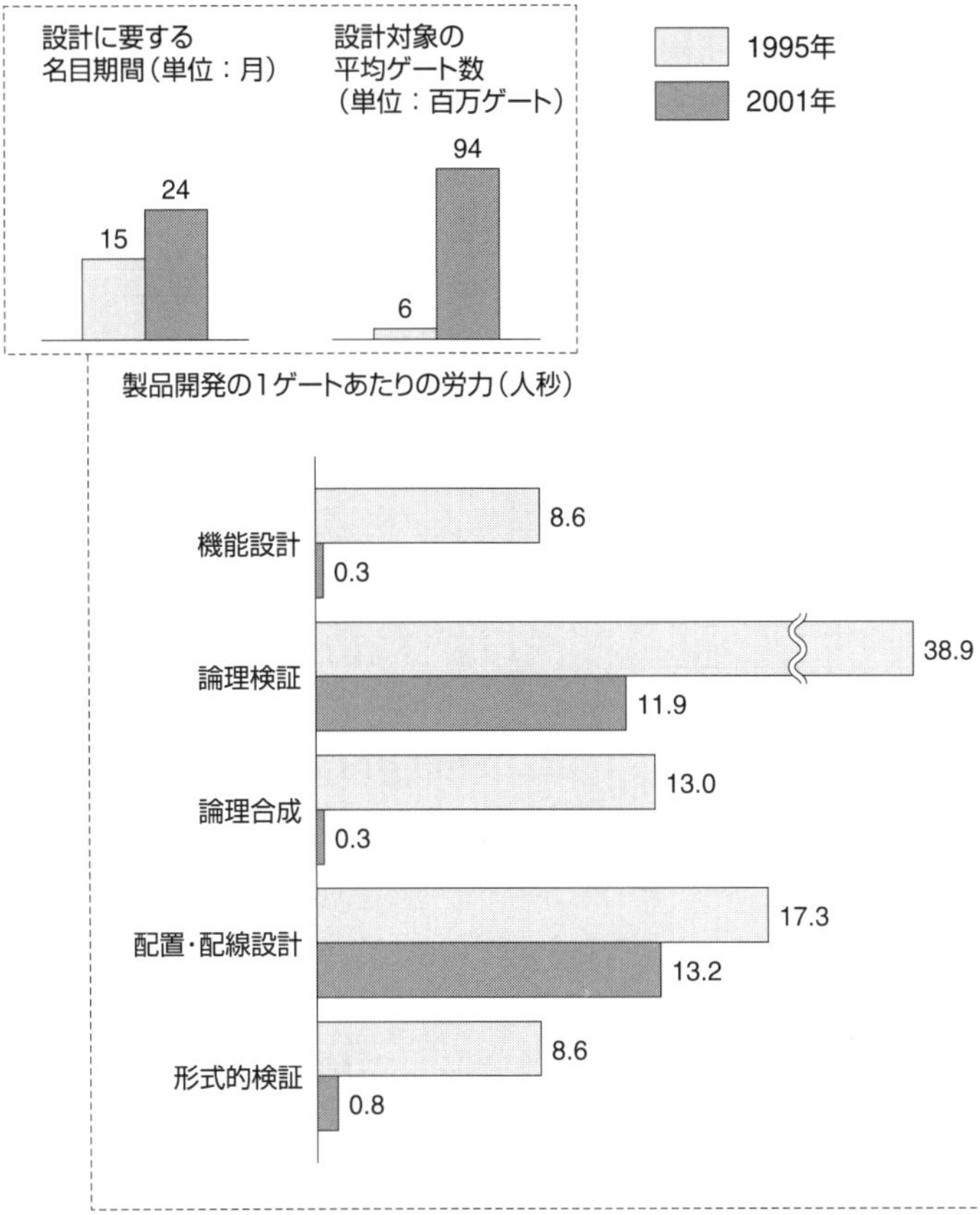

注：「ゲート」とは集積回路を構成する素子で、ゲート数がチップの複雑さを測る1つの指標となる。
出典：McClean Report; マッキンゼーによる分析

因にＩＴがいかに作用しうるかの洞察を持つことで、正しいレバーを見極めることができる。小売業を例に考えてみよう。ＧＭＳ（総合スーパー）の巨人、ウォルマートの成功にＩＴがもたらした貢献は計り知れないが、他業態の小売業者が同社のＩＴへの取り組みをやみくもに真似たとしても勝ち組になれる保証はまったくない。ＧＭＳという業態を特徴づけるのは、低いマージン、膨大なＳＫＵ（商品数）、高い商品回転率である。したがって、商品の滞留時間短縮が至上命題であり、優れた倉庫管理・輸送管理システムの確立が最重要課題となる。

一方、アパレル小売であればまったく事情が異なる。ニーマン・マーカスやサックス・フィフス・アベニューといった高級ショップは高マージンを確保しているが、そのために予測困難な流行に対応し、季節ごとに品揃えを変化させなければならない。アパレル小売業者にとっても効率的な物流網はむろん重要だが、利益を高めるために最も有効なのはディスカウントの抑制である。アパレル小売業者にとって商品が定価で売れるのは新シーズンの最初の四週間のみで、その他の時期にディスカウントで販売する商品は二割から五割に上る。彼らに必要なのは需要予測システムと、値引きの時期や率を微調整できるシステムである。これらの収益インパクトは大きく、ある専門家は、優れた需要予測システムは定価で売れる商品数を二五％以上増加させられると見ている。

自社に弱い分野があっても、すべてに多額の投資をする必要はまったくない。標準アプリケーションやBPO（ビジネス・プロセス・アウトソーシング）が低コストで手堅い解決手段になるのであれば、それで弱点を補えばよい。たとえば一九九四年にウォルマートがカナダのディスカウンター、ウールコの一二二店舗を取得した時、同社はウールコの不採算部門である物流部門は買収せず、倉庫管理と輸送についてはアウトソースを選択した。差別化に寄与しない投資を抑えてこそ、最も重要な分野での競争優位を確立することに集中できる。

逆に、長期の競争優位につながるレバーに対しては、集中的に投資することはもちろん、システムを自社開発することにも十分意味がある。ウォルマートが初めてSCMを導入した際は、何社もの小規模ベンダーの助けを借りながら独自システムを構築した。そのためシステムに合わせてビジネスプロセスを変更するのではなく、自社のニーズにシステムを合わせることができ、競合他社にとり模倣がいっそう困難なシステムとなった。さらに重要なのは、システム構築の対象をむやみに拡大せず、物流機能に絞り込んだことである。同社の成功のカギは、新たなテクノロジーを用いて調達から配送までを最適化し、もともとの強みであった効率的な物流網をさらに強化しうると気づいた点にある。

ウォルマートだけが特例なわけではない。短期間に集中的な投資を行って企業の優位性を進化・拡大させる例は多い。たとえばＪＰモルガン・チェースは、ＩＴを用いて自動車金融市場での競争力をさらに強化した。同行は二〇〇一年初頭にはすでに九六〇〇以上のディーラーを抱えており、プライム・レンディング（優良貸出）セグメントでトップだったが、販売網をさらに拡大する戦略に乗り出した。同行の子会社ラボ・モルガンがアメリクレジット、ウェルズ・ファーゴと提携し、ディーラーが顧客のために自動車ローンの検索から契約までをオンラインで代行できる「ディーラートラック」サービスを開始したのである。ディーラートラックのシステムは他の銀行も利用することができるが、ＪＰモルガン・チェースの規模があるからこそ、そのシステム上で低利率のローンを優良貸出セグメント向けに提供することが可能なのだ。ディーラートラックの対象ディーラー数は現在一万八〇〇〇社を超えるまで拡大し、同社はこのサービスからの利益を獲得し続けている。

カギとなるレバーを引くような投資、とりわけ自社の強みのさらなる強化を意図した投資に対しては、投資の業績に対する貢献を正しく評価する方法を準備するべきだ。ＩＴがある業務に与える影響を厳密に測ることは難しいが、業績目標が明確であれば大まかな評価指標は自ずと存在するはずであり、指標を決められないとしたらそれ自体が深刻な課題である。在庫回転数は大まかではあるが有益な指標の一例である。ウォルマートにおけるこの指標は一九九四年の六・六回から二〇〇一年の九・九回へと改善し、リテールリンクというベンダー管理システムが正しく機能していることを示していた。同じ期間のKマートにおける改善は四・七回から五・九回と低く、ITのみによってウォルマートを模倣することがいかに難しいかを物語っている。

順序とタイミング

ITを競争力の源泉にしようとする企業にとって、イノベーションという競技場にいつ飛び込むかは、いかに飛び込むかと同じくらい重要だ。投資の「順序づけ」とは、必要な事前の投資を済ませたうえで新たなITプロジェクトを開始する、すなわち、投資が次の投資の基礎となるような多層的投資を計画するということだ。たとえばGMSの場合には、高度な販売計画策定システムを導入する前提として、製品を確実に顧客に届けるための倉庫および輸送管理における一定の能力が必須である。

この原則を守らずに、前提条件が固まる前に高度な機能に投資しても資金を浪費するだけである。たとえば、ある大手GMSは販売促進の管理・効果測定のシステムに数百万ドルを投資したが、倉庫業務管理システムが大キャンペーンに伴う発注量の変動に対応できなかったため、顧客満足を低下させる結果を招いた。とはいえ、基本的なITインフラ整備にばかり時間と資金を投入し、高収益を生む追加投資に至らない例もある。順序づけの判断には精巧なバランス感覚が必要だ。

自社内での順序に加え、他社に対してITのトレンドをリードすべきか、それともあとからついていくべきか、という「タイミング」の問題にも答えなければならない。明らかに迅速な行動が要求されるのは、新たな製品、サービス、プロセスの創出、または既存の競争優位の強化といったかたちでITがイノベーションをもたらす場合である。また、仮に模倣されても利益を生み出し続けられる投資も急ぐべきである。

両方の条件を満たした例として、一九九〇年代半ばのリテールバンキング分野における信用不正利用検知システムへの投資が挙げられる。このシステムは、ニューラル・ネットワーク(人間の脳の仕組みをまねた情報処理機構)や予測取引リスク・モデルといった一連のソフトウエア技術の進歩が、顧客行動を分析する新手法を生み出したことで可能となった。(注5) 当時、これらのソフトウエアはまだ実験的なものであったが、経営者たちは不正による損失の規模を鑑みてこれを採用し、疑わしい取引を承認するかしないかを即座に判断するための新たな業務プロセスをつくり出した。技術進歩と経営判断が一致してもたらしたイノベーションの例と言えよう。また、新システムはたちまち業界中に広まったが、各行が享受する便益が減ることはなかった。業界全体の不正による損失率は一九九〇年には総営業債権の〇・四一％だったが、二〇〇〇年には〇・一八％にまで低下し、全銀行が利益を共有したのである。

ＪＰモルガン・チェースがディーラートラックで得た経験は、他社に先駆けたＩＴ投資が既存の強みと融合するといかに実りの多いものになるかを示している。同社がそれまで築いてきたディーラー販売網においてディーラートラックは急速に普及し、ディーラーや顧客への素早いサービス提供を可能にした。その結果、同社のローンを扱うディーラーはさらに拡大するという好循環をもたらした。

それとは対照的に、イノベーションをもたらさず、模倣も容易なテクノロジーにいち早く投資してしまった企業は、パイオニアとして払った高コストが回収できない困難に直面する。そうしたテクノロジーには投資を自制すべき局面もあろうが、どうすれば投資の前に見極めることができるのだろうか。もう一つのリテールバンキングにおける取り組み、ＣＲＭについて考えてみよう。銀行は顧客情報の収集と活用によって、クロス・セル率（一人の顧客に対して複数商品を販売できる比率）の上昇、顧客離脱の減少、

図表2-3　容易に模倣されるテクノロジーが生んだ結果

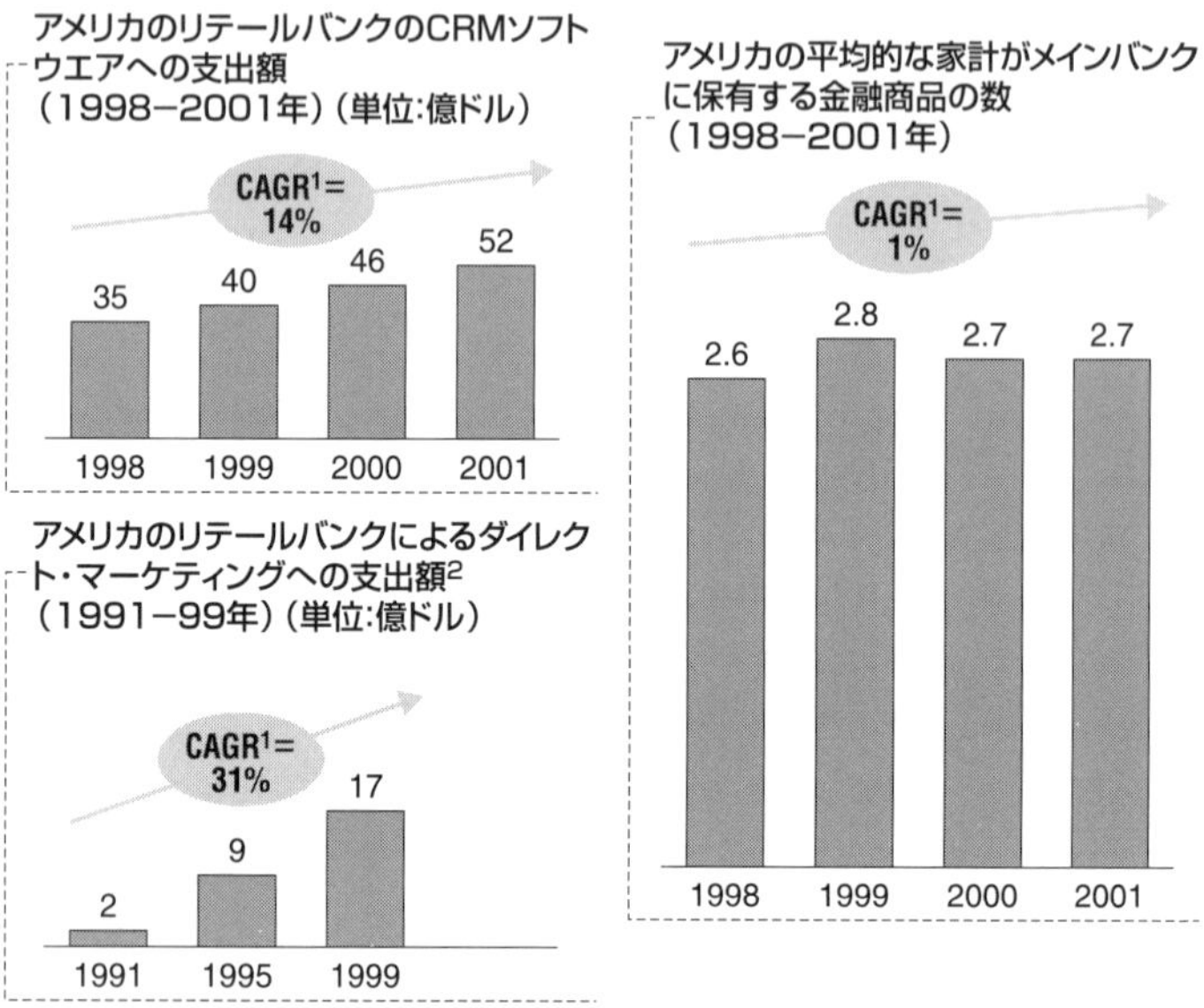

注1：年複利成長率（Compound annual growth rate）
注2：総資産50億ドル以上が対象
出典：バンク・マーケティング・サーベイ・レポート、American Bankers Association, 1992-2000; Performance Solutions International; TowerGroup

新規顧客の開拓、顧客一人あたりの収益性を高めることができるだろうと期待した。しかし現在のところ、CRMは成果を生み出すには至っていない。銀行による莫大なCRM投資、および販促費用にもかかわらず、平均的な家計が自分のメインバンクで保有する金融商品の数（すなわち、クロス・セルの成果）は過去三年間まったく伸びていない（図表2－3参照）。導入の難しさもあるとはいえ、銀行のCRMが顧客の購買行動を刺激できない最大の理由は、多くの銀行が低成長市場で、同時に同じような取り組みをしているからである。CRMに投資していなければ、顧客を失っていた可能性はある。しかし、CRM投資を行った銀行間では、高コストを払った先発者も、後発者に対してなんら有利な成果を上げられていないのである。

実際のところ、ある投資がイノベーションを生むかどうかを事前に予測することは難しい。先んじたIT投資で主導権を握れるかもしれないチャンスに直面した時、投資するか、自制して他社の出方を待つかという難しい判断を下す際には、すべきことは二つある。第一に、そのテクノロジーがいずれ急速に拡散してしまう兆候がないか注意深く市場を観察することだ。CRMの場合、初期の過剰な期待感の高まり、それに続いて導入を急いだ銀行数の多さ、夢のような未来を約束する一連の製品パッケージを引っ提げたソフトウエア・ベンダーの相次ぐ出現などが、赤信号を点滅させていたことになる。

第二に、自社の強み・弱みを踏まえて、目前の投資分野において自社がリーダーとして相応しいかどうか、よく吟味することである。イノベーションの機会を見つけたら、当該ビジネスについてどれだけリスクを進んで負う用意があるか、投資を自社の他の強みに結びつけ、他を寄せつけないポジションを築く自信がどれくらいあるか、そして社員を動かし、苦難に満ちた過程を経て変革を起こすにあたり、自社にいかなる経験値があるかを自問してみなければならない。もし、答えがあまり芳しくないのなら、主導権を握らず他社に追随すべきだ。低コストで済む「追随者戦略」を取りそこねた企業は、生産性向上につながるレバーを引くことに使えたかもしれない貴重な資源を浪費しているにすぎない。結局のところ、目的はＩＴで可能となる生産性向上の機会をすべて最初にとらえることではなく、賢明に正しい機会を選び取ることなのだ。ＩＴ投資の成功確率を上げるには、投資対象だけではなく、自社の特徴も冷静に評価することが必要だ。

賢明なＩＴ投資とは、一九九〇年代後半のような浪費を繰り返すことではない。「何に」「いつ」取り組むべきかをよく理解すれば、無駄な投資を避け、差別化をもたらし競争力を持続させるような投資機会を見つけることができるのである。

【注】

（1）"Thrift stop," *Information Week*, December 23, 2002, pp.18-19

（2）William W. Lewls, Vincent Palmade, Baudouln Regout, and Allen P.Webb, "What's right with the US economy," *The McKinsey Quarterly*, 2002 No.1, pp.30-40（www.mckinseyquarterly.com/links/3896）と Diana Farrell, Heino Fassbender, Thomas Kneip, Stephan Kriesel, and Eric Labaye, "Reviving French and German productivity," *The McKinsey Quarterly*, 2003 No.1, pp. 40-50（www.mckinsey quarterly.com/links/4724）を参照。

（3）本記事の基礎となっているＭＧＩの最新レポートは、*How IT Enables Productivity Growth*, McKinsey Global Institute, Washington, DC, November 2002である。これは一九九〇年代にアメリカで最も高いパフォーマンスを達成した三つの業種（リテール、半導体、リテールバンキング）において、ＩＴが生産性の向上に果たした役割を特に取り上げて詳しく論じている。

（4）*US Productivity Growth 1995-2000*, McKinsey Global Institute, Washington, DC, October 2001もまた、規制の変化がイノベーションを引き起こすような競争を刺激しうると強調している。

（5）Corey Booth and Shashi Buluswar, "The return of artificial Intelligence," *The McKinsey Quarterly*, 2002 No.4, pp. 98-105（www.mckinsey quarterly.com/links/4726）を参照。

Chapter 3

Fighting complexity in IT

ITの複雑さと戦う

フランク・マターン
シュテファン・シェーンヴェルダー
ウォルフラム・シュタイン

琴坂将広・監訳

【著者紹介】

Frank Matternはマッキンゼー・アンド・カンパニーのビジネス・テクノロジー・グループのグローバル・リーダー。フランクフルトが拠点。
Stephan Schönwälderは同ミュンヘン・オフィスのアソシエイト・プリンシパル。
Wolfram Steinは同オフィスのプリンシパル。

本稿の初出は、*The McKinsey Quarterly,* 2003 No.1

Fighting complexity in IT
The McKinsey Quarterly, 2003 No.1

多くの企業がＩＴ支出に大ナタを振るっている。二〇〇二年、新規のハードウエア・ソフトウエア投資は平均一五～二五％も削減された。過去一〇年にわたり、新規のＩＴ支出が年率五～一〇％増加してきたことを考えれば、これは劇的な転換と言える。ＩＴ予算を削減する主な手段は未完了のＩＴプロジェクトの中止、あるいは従業員のレイオフであった。こうした取り組みは利益の改善が目的だが、同時に、一九九〇年代後半のハイテク・バブル期に行った多額のＩＴ投資の成果に対して、経営陣が失望していることの表れでもある。

一方で、ＩＴコスト削減を、複雑に絡み合った情報システムやＩＴプロジェクトを解きほぐす絶好の機会ととらえる企業もある。「このシステムをなくしても大丈夫だろうか」と短絡的に考えるのでなく、業務プロセスやＩＴの意思決定プロセスの強化を図りながら、ＩＴ支出を膨れ上がらせる根本的原因を排除しようとしているのである。バブル時代からの積み残し課題に、ようやく終止符を打とうとしているとも言える。

一九九〇年代、企業が新たなチャネル・製品を立ち上げ、新市場へ参入し、そしてサプライヤーとの連携を強化するために新システムを次々と導入した結果、ＩＴコストは跳ね上がった。インターネットタイムと表現される猛スピードの導入競争のため、新システムと既存システムの統合や旧システムからの移行は後回しにされ、新技術を存分に活用した自動化・効率化も、そのための業務変革も不十分なままに終わっていた。その結果、期待された利益を得られなかったばかりか、混在する新旧のシステムも、多くの場合業務プロセス自体も、複雑かつ高コストなものとなってしまった。たとえば購買部門で電子調達システムを部分的に導入し、電子的な処理と手作業を並存させている企業は多い。

こうした電子化をいまのままでやめてしまえば確かに目先のキャッシュは手に入るだろうが、むしろ全プロセスにわたるシステム導入と旧システムからの移行を済ませ、ITコストと業務コストを併せて大幅に削減するほうが賢明である。また、ITシステムの複雑性を解消しておくことは、景気が上向いた時への備えになる。成長が回復し、新たなシステム開発の必要に迫られた時、ITプラットフォームが整理・統合されていれば機能追加は比較的容易だからである。

目先のコストを削りながら、長期的なコスト増の根源であるITの複雑性を解消することは不可能ではないが、そのためにはIT部門と事業部門が歩調を合わせることが欠かせない。たとえば、チャネル戦略自体を見直すことで大幅なコストダウンが可能になる。失敗を認めてWebサイトを閉鎖する、あるいはWebサイトを自社で運用しコールセンターはアウトソースするなどである。また、商品ごとに異なるITシステムを持つ銀行や通信会社では、商品ポートフォリオを見直し、古い商品を廃止してしまうことで同様の効果を追求している。データベース・マネジメント・システムやその他のインフラの統合を進めてITアーキテクチャの青写真を描きなおし、新たなアウトソーシングの機会に備えている企業もある。

複雑性のコスト

テクノロジーが業務プロセスの効率化とコスト削減を実現すべきであるのは疑う余地がない。しかし一九九〇年代には、企業は目新しいテクノロジーの導入を次から次へと進め、時には前のプロジェクトが終わらないうちに次のプロジェクトに着手するものの、うまくいかずに終わることが多かった。新システムの価値を得るための業務プロセスの変革が不十分であったため、業務をむしろ複雑化させてしまい、ITコストを増大させてしまったのである。

企業合併とグローバリゼーションが複雑化に拍車をかけた。合併した企業間のシステム統合と合理化は完了まで数カ月、場合によっては数年かかる膨大な作業となり、統合完了までの間、噛み合わない二つのシステム間で辻褄合わせに四苦八苦しなければならない。データを一方からもう一方に流すという一見単純な作業さえ、非常に困難な場合もある。加えて、世界中の市場に新規参入した企業は、新たなサプライチェーンや現地の雇用慣行、法規制、異なる金融構造や言語に対応する新システムを次々と追加しなければならなかった。

部分的に再設計された業務プロセスのコストを測るのが難しいのと同様に、ITの複雑性がもたらすコストを測定することが大変難しいのは周知のとおりだ。たとえば、従来からの人の手による購買と、電子調達による購買の双方を運用するためのコストはいくらになるか。この答えは、再設計された購買プロセスがどのように運用され、その結果、以前のプロセスに対応するシステムをどの程度縮小できるかによって変わってくる。このようなコストを正確に見積もることは不可能と言ってよい。

しかし急激に膨れ上がるIT予算を見れば、複雑性のコストの大きさについて大まかな感覚は得ることができる。一九九〇年代の後半、IT投資は世界中の企業による設備投資額全体の実に三分の一を占めていた。二〇〇一年には一五〇を超える企業が一〇億ドル超の資金をITの運用に費やしたが、一〇年前にこれだけの金額をつぎ込んでいたのは五〇社にすぎない。フォーチュン・グローバル五〇〇社で見ると、IT予算総額は一九九〇年代の半ば以降倍増した。一般的に、ＩＴ予算の八〇%以上は既存システムの維持・運営に費やされ、新規投資は残りの予算から捻出されてきたのである。

長期的に見れば、ＩＴの複雑性を下げることは、サーバやソフトウエアの新規購入を抑制する以上のコスト削減効果をもたらす。急増するＩＴシステムの維持費用や開発費用を抑え、複雑なシステムが引き起こすデータの互換性問題の回避にもつながる。たとえば、あるメーカーの技術部門が設計変更を追跡するシステムを導入したが、そのシステムからは購買や製造のデータベースにあった部品価格の履歴を参照できなかった。そのため、購買部門は変更が生じた部品について厳密なコスト管理ができなくなってしまった。新たなＩＴ投資を削減するだけではこうした問題の解決は不可能だ。ＩＴと事業の双方を検討する必要がある。

幅広い解決策

多くの企業は、ＩＴの複雑性を下げることではなく、ＩＴ投資支出、あるいはもっと広い意味でのＩＴ予算の総額を抑えることに目を向けがちである。不幸なことに、経営幹部はＩＴ支出の削減を単に「何が不要で何が必要か」を決断することととらえ、ＩＴの複雑性を下げる絶好の機会に正面から取り組むことは稀である。我々の経験によれば、多くの企業は既存のプロジェクトをできる限り維持する傾向がある。もちろん、明らかに問題の発生しているコスト高のプロジェクトをやめたり、新しいアプリケーションへの投資を延期したり抑えたりすることはある。しかし全体としては、現在のＩＴの基本構造を維持しようとするのである。

ある販売チャネルを残すべきか、あるいは、ある製品やサービスを提供すべきかといった検討は、（事業そのものを見直している場合はともかく）ＩＴ支出の削減を議論する場ではなかなか議題に上らないだろう。しかし、経営者はＩＴと事業という恒等式の両側を見なければならない。さもないと、ＩＴコストを削減するという意思決定は業務プロセスやシステム構造の単純化、効率化につながらず、ＩＴの複雑性を下げる試みが実を結ぶことはない。我々は、よりバランスのとれたアプローチが可能であると考えている。以下の五つの活動に注力することで、複雑化してしまったＩＴシステムを解きほぐすことができる。また、これらを通じて、ＩＴの使い方や運用方法を革新でき、ＩＴ部門がスリム化されると同時に、不況の終わり、すなわち新たな投資局面に対しても備えができるはずである。

●複雑性の根本原因を知る

一九九〇年代、多くの企業のIT委員会は、本業で他に検討すべき課題が多く存在していたため、解散するか活動を中止していた。しかし、ITコスト抑制という課題が急浮上してきた結果、こうした委員会は活動を再開し、現在では単に出来の悪い投資案件を却下すること以上に踏み込んだ議論を行っている。いくつかの企業では、事業部門とIT部門を担当するそれぞれの上級役員を構成メンバーとするIT委員会が再編成され、ITコストのさまざまな構成要素を分析している。

たとえば、一九九〇年代後半に、販売代理店の営業支援システムと、顧客へのダイレクトチャネルの拡大を図るために新たなIT投資を行ったヨーロッパの保険会社の例を取り上げてみよう。この保険会社は新たな二つのチャネル、営業支援システムとWebページの構築に、それぞれ数百万ドルを投資したうえ、(注1)代理店に高価なラップトップPCを配備した。結果としてこの保険会社は、重複の多い四種類のチャネルを管理しなければならなくなった。販売代理店は依然として紙で必要書類を送付することができるが、同時にラップトップを使って顧客と保険プランを検討し、電子的にその情報を送信することもできるようになった。同社はまた販売代理店や顧客からの質問に答えるコールセンターも持っており、加えて顧客がWebサイトを通じて直接情報を取得し、申込書を提出することもできたのである。

二つの新システムは、同社の事業部門とＩＴ部門の双方にコスト増をもたらした。ネットワークで必要書類を送付するようになった代理店は全体の三分の一にすぎなかったため、同社は以前の手作業によるプロセスも維持せざるをえなかった。また、Ｗｅｂサイトは新規顧客の獲得にはほとんどつながらず、コールセンターや紙の書類でも得られる情報を複製した高価なパンフレットとしての機能しか果たさなかった。にもかかわらず、同社は新チャネルの運営、既存チャネルとの連携に充てる人員と業務を増加させてしまった。紙の書類を処理する既存の業務プロセスとコールセンター業務に加えて、二つの新たなチャネルを支えるシステムが必要となった。しかも、これらのシステムは社内の他のシステムと接続されているので、いずれかの構造や機能を変更しようとすると、ＩＴ担当者はシステム間のリンクをすべて手動で更新しなくてはならないのである。こうしたシステム間の連携を管理する経費が、将来的に急速に増加する可能性があるのは想像に難くない。

ＩＴコスト、およびその諸要因について深く理解する経営幹部であれば、ＩＴシステムに機能的な変更を施さずに済む方法、あるいは業務を変更せずに済む方法を考える。すなわち、彼らはＩＴの複雑性の根本原因を知ろうとするのである。そうすることによって、すべての問題を一度に解決できなくとも、可能な部分から解決に取りかかることができる。

たとえば、現在この保険会社は、経費削減の圧力を受けて事業部門の役員が始めたプロジェクトで、インターネットチャネルと販売代理店向け営業支援システム、さらにこれらと従来システム間の連携に投じた数百万ドルの投資が将来どれだけの価値をもたらすかを評価している。高度なアプリケーション一式を備えた高価なラップトップPCが販売店に支給されることはもうない。これを実際に利用していた販売代理店は半分に満たなかったからだ。その代わり、代理店は共通のエクストラネットに接続できる安価なPCを支給され、それを用いて、保険料の計算を行ったり、顧客データベースにアクセスしてマーケティング情報や営業情報を得たりしている。同社はハードウエア、ソフトウエア、サービスの費用を数十万ドル削ったうえ、販売代理店の管理コストも徐々に削減しているのである。

●IT部門に規律を植えつける

CIOは、自らのIT部門にも梃入れしなければならない。ITブームの間はシステムを急いで導入する必要があったため、仕様を系統立てて検討する、優先順位に沿って投資を行う、予算を統制するといった規律がないがしろにされてしまった。言い換えると、IT部門の業務プロセスの欠陥が、現在多くの組織を悩ませているITの複雑性に一役買ったのである。

CIO主導のもといっそうの予算削減努力を行ったり、ソフトウエア開発やプロジェクト管理といったIT部門の中核業務の効率性を高めることで、この問題を是正している企業もある。システムを効果的に統合し、ITアーキテクチャを全面的に見直し、業務プロセスをアウトソースする準備を整えるには、IT部門の業務に厳格な規律を持ち込まなければならない。そうすることで、将来の新たな複雑性を防ぐこともできる。

また、購入するソフトウエア・パッケージ製品の管理と統合にも規律を持ち込まなければならないことをCIOは認識している。パッケージ製品は以前にもまして多数使用されているが、これらのバージョンアップのたびに、システムの統合や移行が必要となるからだ。

●インフラの統合に投資する

新システムを次々と導入する必要に迫られた企業の多くは、ハードウエアやソフトウエアの種類を急増させてしまった結果、膨大なソフトウエア・ライセンスや開発・運用費用の上昇などのコストに悩まされている。

混乱を収拾するには新たな投資が必要だ。たとえば、データベースの数を一〇から三に減らすには高いコストが必要で、(注2)しかも完了まで長ければ二年かかることもある。しかし長い目で見ると、こうした取り組みこそ必要だ。我々の試算によれば、サーバ上のデータベースやPCのOSなど並存するテクノロジーの数を慎重に切り詰めれば、多くの企業ではＩＴインフラやアプリケーションの維持・開発費用を二〇%前後下げることができる。

今日の環境では、この取り組みについて社内を説得することは確かに難しい。インフラを整備するだけのプロジェクトに資金を投入したいと考える人間は現時点では少ない。しかし、経済の停滞期が過ぎれば、いずれ成長のために新たなシステムを追加する必要が生じる。その時になってインフラを統合していては、空を飛びながら飛行機の翼をつくり直しているようなものだ。いまからインフラ統合に取りかかるべきである。段階的なアプローチも考えられる。まずは小規模のシステムに絞って統合し、その維持に使われていた資金を開発や大規模システムの統合に振り向けるのである。

●企業のＩＴアーキテクチャを刷新する

より大きな視点からＩＴの複雑性を抜本的に解消しようとすると、ＩＴアーキテクチャの再設計が必要となる場合がある。ＩＴアーキテクチャとはテクノロジーと事業との関係全般にわたる青写真であり、どのアプリケーションがどの業務プロセスをサポートし、アプリケーション同士がどのように連動し、データを共有するかの全体像を示すものである。(注3)

進化し続けるＩＴアーキテクチャを吟味する暇のなかった企業は、多くのシステムを継ぎ接ぎし、いまやシステムをスパゲティのようにしてしまった。しかしパズルのピースの組み合わせ方を見直すことで、ＩＴ部門と事業部門の関係を緊密にし、両者に利益をもたらすことが可能だ。また、ＩＴアーキテクチャをスリムにすることで、機能追加やシステム増設を、さらに迅速に低コストで行えるようになる。

既存のＩＴアーキテクチャに組み込むことを考慮しないままに新たなシステムを構築し、不用意にも自社の顧客戦略の足を引っ張る企業もある。たとえば、インターネット・チャネル向けの顧客データベースを既存の顧客データベースから切り離して構築している場合がそうだ。たいてい、そうする理由はＷｅｂサイトを立ち上げ、運営するスピードが速いからだが、結果としてこのような企業は、二つ以上のチャネルを同時に使う顧客の行動を理解したり、顧客を新たなチャネルに移行させたり、複数のチャネルをまたいで製品やサービスを販売促進することができなくなってしまうのである。

ＩＴアーキテクチャの刷新は、ＩＴ部門と事業部門双方が関与すべき作業である。経営陣が、自社の現在のニーズと将来戦略に基づいて、システムをグループ化するためのテーマを決定しなければならない。たとえば、顧客データを部門、地域、あるいはチャネルごとに管理するのをやめ、セグメントごとに再編することは有意義かもしれない。あるいは、あとになってから必要に応じてアウトソーシングできるよう、人事システムを他のレガシー・システムから明確に分けておきたいと考えるかもしれない。

こうした過程を経て、互いにつなげておきたいシステムがどれかを見極め、どこでどのようにつなげるかを決定し、新たにグループ化されたシステム間のインターフェースを明らかにし、最新のミドルウエアを用いて柔軟に再統合することが可能になる。目的はスパゲティを一式のレゴ・ブロック程度には整備すること、つまりモジュール化し、論理的に組み直し、それぞれを結びつけるパイプの数を最小にすることだ。

この作業は段階的であり、一つの作業が終わるごとに生まれる資金および人的な余力を用いて次の作業を達成していくことができる。大企業のＩＴアーキテクチャ全体を整備しようとすると、完成までは三年から五年かかることもあるが、作業の進行とともに生じるシステム上の余力は一年以内に顕在化し、そこからの利益は相当大きなものとなろう。

たとえば、ヨーロッパのあるリテール銀行は、ＩＴアーキテクチャの総点検をほぼ終えたところであるが、この作業を通じてチャネルと製品のすべてを管理できるようになったばかりでなく、以前に必要だった時間の半分で新製品を導入できる能力を身につけた。同行はまた、システム統合、メンテナンスおよび運用のための費用を一〇〜二五％削減している。

●アウトソーシングを計画する

アウトソーシングはＩＴコストの削減方法と見なされることが多いが、同時にＩＴの複雑性を下げる有益なツールでもある。業務プロセスの抜本的なアウトソーシングを計画することは、とりもなおさずＩＴの複雑性をもたらす事業上の根本原因を突きとめ、インフラを統合し、ＩＴアーキテクチャを描き直すことなのである。

ＩＴ運用の主要な部分を長い間アウトソースしてきたにもかかわらず、さらに小さな部分に至るまで最善の専門業者にアウトソースしたいというＣＩＯは多い。そのためには、まずは十分に自社のＩＴ部門の活動を簡潔化し、効率化しなくてはならない。たとえば、ＰＣのメンテナンスやサポートをアウトソースすることでコスト効率を高めたいのであれば、まず全従業員が使用しているハードウエアとソフトウエアを標準化すべきである。

向こう数年のうちに、財務部門の一部や受発注プロセスの一部といった業務と、関連するＩＴシステムを機能ごとに分けたブロックとを併せてアウトソースする企業は増えていくだろう。ＢＰＯ（業務プロセスのアウトソーシング）は増加しているが、この市場はプロバイダーが少なく、運用実績も乏しいなどまだまだ未成熟だ。しかしながら、多くの人がそう信じているように、この分野が急速に進化するのであれば、委託元の企業は業者のシステムと簡単に連携できるよう自社システムを整えなければならない。構造のしっかりした、モジュール単位の業務プロセスとＩＴシステムのアーキテクチャを早期に構築することに成功した企業は、アウトソーシングによって最も利益を得るようになる。そうした企業は、同時に数多くのアウトソーシング業者を探し、交渉し、管理できるよう入念に計画すべきだろう。

事業部門とＩＴ部門のリーダーには、明確にコスト削減が求められている。しかし、ＩＴの活用の仕方を変革するエンジンとしてコスト削減を利用するならば、その努力から単なるコスト削減よりもずっと多くのものを得ることができる。今日、コスト削減と

ＩＴの複雑性を下げる取り組みとをバランスできる企業は、将来の成功に向けて大変有利なポジションを築くことができるのである。

【注】

（１）一九九〇年代にＷｅｂサイトまたは自社の電子チャネルを構築しようとすると、プロジェクトの規模、そこに組み入れられる機能、外部業者が関わる程度にもよるが、おおむね二〇〇万ドルから一〇〇〇万ドルのコストがかかった。

（２）実際のコストがいくらかかるかは、企業のシステムがどの程度均一性がとれていないか、いくつの異なったデータベースが導入されてきたか（たとえばデータベースは階層型か、リレーション型か、それともオブジェクト型か）、統合された独自のデータベースとともに使われているソフトウエア・パッケージはいくつあるのか、といったさまざまな要素によって大きく変わりうる。ＩＴ予算の一〇％になる企業もあるし、別の企業では四〇％に達する例もある。

（３）Jurgen Laartz, Ernst Souderegger, and Johan Vinckler, “The Paris gulde to IT architecture,” *The McKinsey Quarterly*, 2000 No.3, pp. 118-127（www.mckinseyquarterly.com/links/4037）を参照。

Chapter 4

Tech spending is up,
but who's doing the buying?

IT購買における質と決定者の変化

ケンダル B. デービス
ブライアン L. スキャンロン
ジェレミー D. シュナイダー
オーディッド・バイス

金平直人・監訳

【著者紹介】

Kendall Davisはマッキンゼー・アンド・カンパニーのビジネス・テクノロジー・グループのプリンシパル。コネチカット州スタンフォードが拠点。
Brian Scanloは同コネチカット州スタンフォード・オフィスのアソシエート・プリンシパル。
Jeremy Schneiderは同ニューヨーク・オフィスのプリンシパル。
Oded Weissは同シカゴ・オフィスのアソシエート・プリンシパルで、金融業界におけるオペレーションとテクノロジーが専門。

本稿の初出は、*McKinsey on IT,* 2004 Spring

Tech spending is up,but who's doing the buying?
McKinsey on IT, 2004 Spring

ＩＴ支出の動向に関してマッキンゼーが二〇〇四年に実施した調査(注1)によれば、支出額が増加する一方、支出の内容と意思決定者に質的な変化が見られ、多くのＣＩＯはこれらの傾向を支持していることが明らかになった。内容面で顕著なトレンドは、老朽化した情報インフラの入れ替え、システム間統合の推進、および大規模で抜本的な新規ソリューション導入から小規模で目的を絞った既存システム改善へのシフトである。そして同時に、これまでにも増して企業のトップが、ＩＴ投資の意思決定に深く関わるようになっている。以下、主要なトレンドについて、一つ一つ掘り下げて見ていく。

償却の一巡によるＩＴ投資余地の発生

我々がインタビューをしたほとんどのＣＩＯは、平均して売上げが一三〇億ドル以上のアメリカの企業に勤務し、その業種は多岐にわたっている（図表4－1参照）。ＣＩＯとの議論、およびさまざまな業界調査結果を踏まえると、二〇〇四年のＩＴ予算は発生主義ベースで前年比約一・七％、現金ベースでは支出が五～九％も上昇する見込みである。(注2)同様の傾向は、別途調査したヨーロッパの企業にも明らかに見て取れる。

図表4−1　CIOアンケートの調査対象

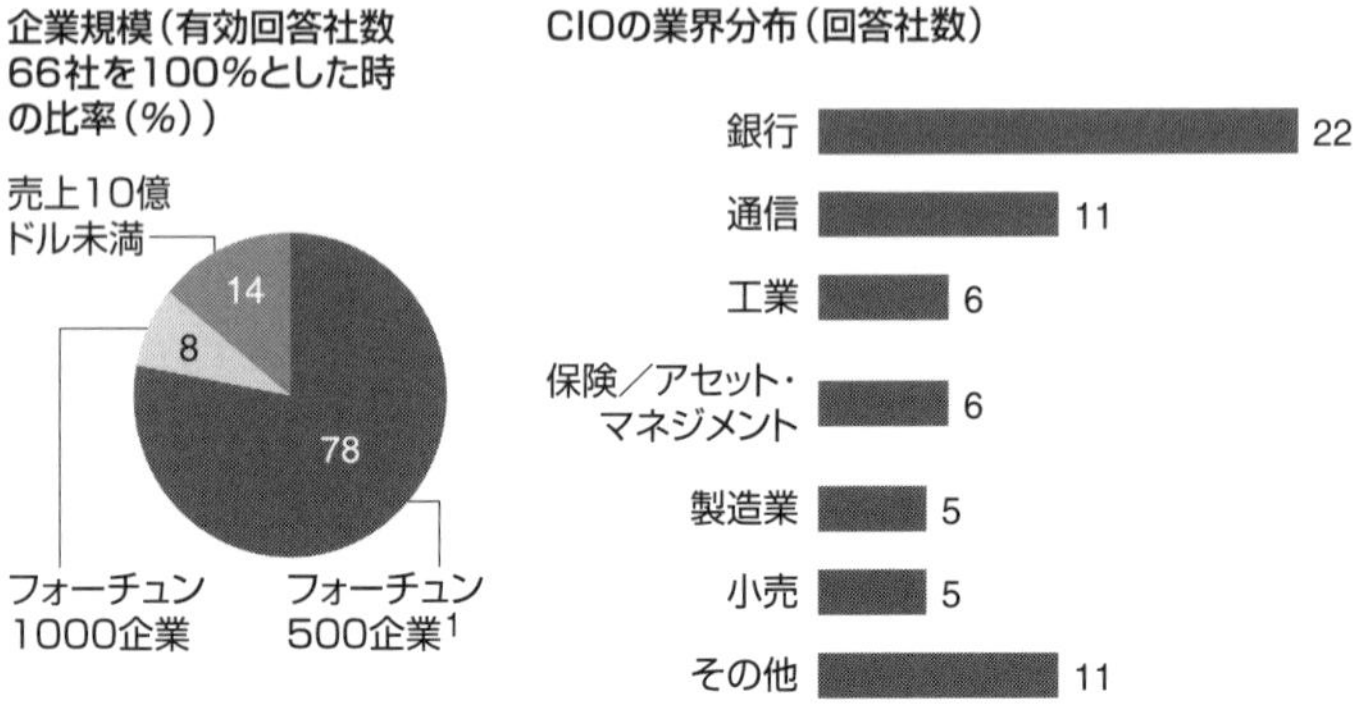

注1：同規模の国際企業を含む
出典：マッキンゼーによる66名のCIOと技術担当役員へのインタビュー（2003〜04年に実施）

　ＩＴ支出のこうした成長には、インターネット・ブームのエコー効果も一役買っている。インターネット・バブルとその崩壊は、まさに一九九〇年代後半から二〇〇〇年までのＩＴ投資の急拡大と、それに続く大幅削減の時期と軌を一にしているのであり、その余波は二〇〇〇年から数年持続した。ほとんどの企業はＩＴ支出額の計算に発生主義をとっているため、予算額には前年までの投資から派生した減価償却費を含むこととなる。ＩＴ関連投資は一般的に三年から五年で償却されるので、一九九〇年代後半の多額の投資による減価償却費負担はほぼ消えかかっている（図表4-2参照）。

ＣＩＯにとっては喜ばしいことに、いまやＩＴ予算には新たな投資余地が生まれてい

図表4−2　IT投資の復活

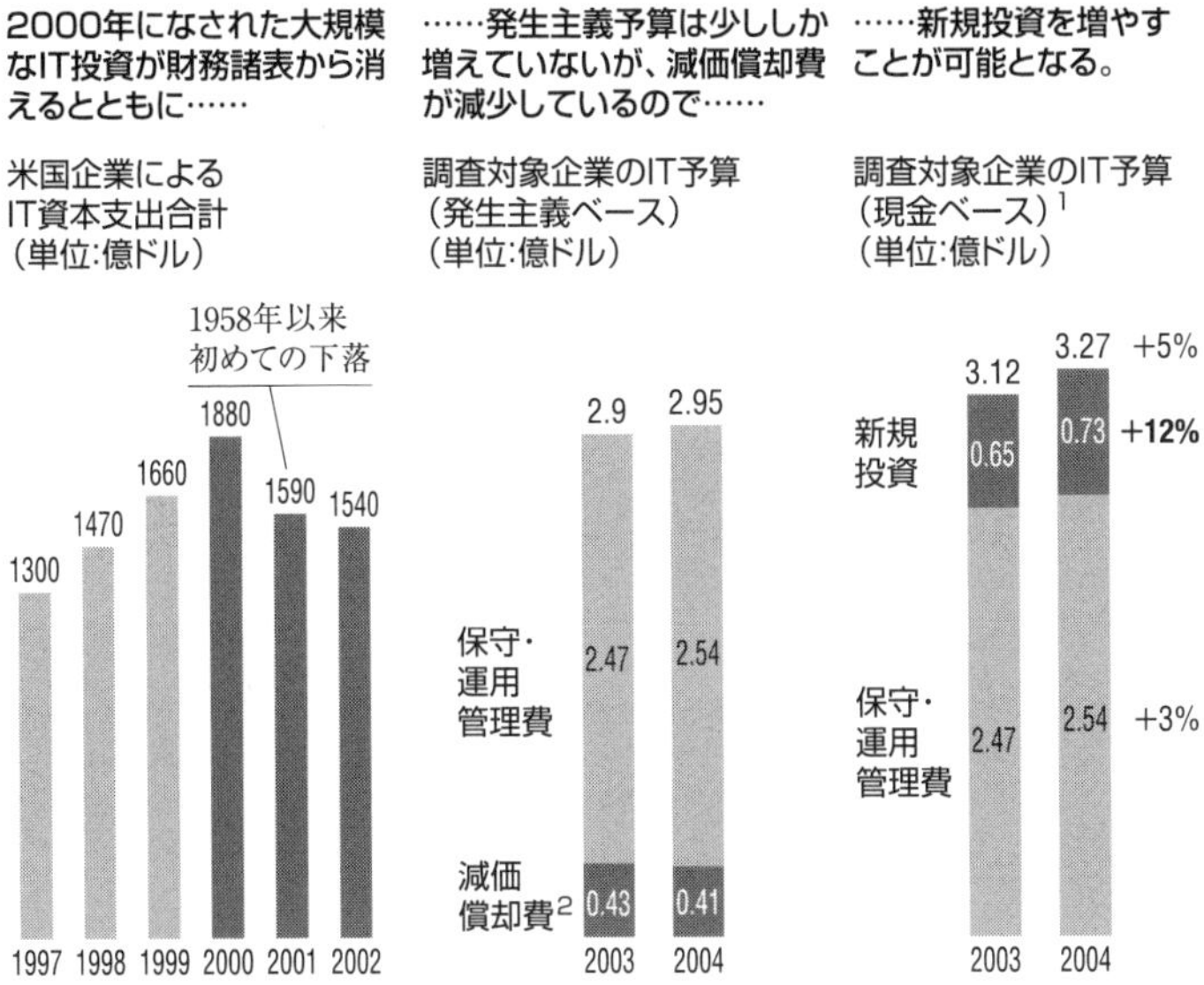

注1：数値は概数
注2：2003〜04年に行われた資本支出からの減価償却費を含む
出典：米国経済分析局（BEA）、マッキンゼーによる66名のCIOと技術担当役員へのインタビュー（2003〜04年に実施）

るのだ。

インフラ投資の優先度は高い。二〇〇一年から二〇〇二年初頭にかけて、5四半期連続でハードウエア投資が減少したが、これは一九四五年以来初めての出来事であった。ハードウエア投資が再び増加するには二〇〇三年まで待たなければならなかったが、この年は大きく伸び、統計によっては前年

図表4−3 CIOの抱える課題

優先順位の高いインフラ整備項目（回答者中の比率（%））

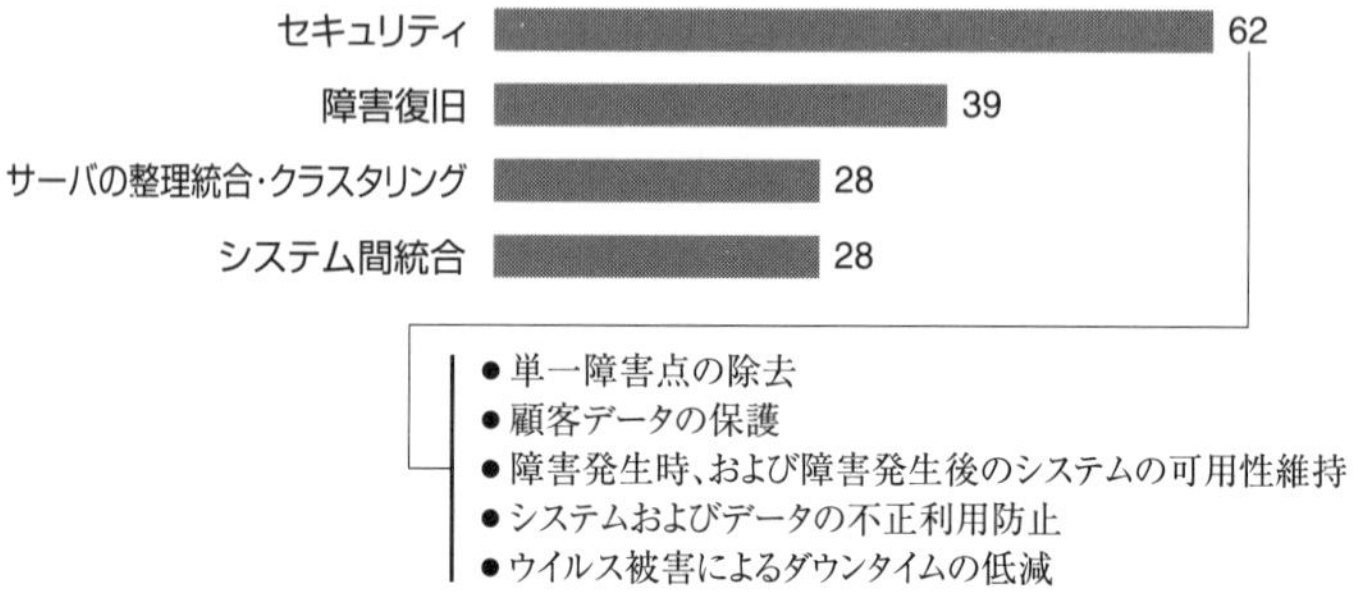

出典：クレディ・スイス・ファースト・ボストン、マッキンゼーによる66名のCIOと技術担当役員へのインタビュー（2003〜04年に実施）

比一四%の上昇となった。老朽化したインフラを交換するニーズに押され、この勢いは二〇〇四年にも継続している。インフラが「リフレッシュしていく」ペース（装置の平均使用期間）は、ハードウエア入れ替えのトレンドを読む重要な指標となるが、これは一九九九年以来毎年長くなってきている。二〇〇三年には前年に比べ七・八週間長くなっており、同年のハードウエアの回転率は、少なくともここ一〇年間では最低となっていたのである。（注3）

また、堅牢性、耐障害性への要求が高まっているが、老朽化したインフラではこの新たなニーズに応えられない。この状況を改善するため、六二%のCIOはセキュリティの確保を主要な懸念材料と指摘し、三九％のＣＩＯは障害復旧（ディザスタ・リカバリ）を最優先課題に挙げている。とはいえ、セキュリティへの取り組みの内容は顧客データ保護、機器の不正使用防止からテロ、スパム・メール、ウイルス対策に至るまで、実に多岐に及ぶ（図表4-3参照）。

システム間統合という課題

情報システムの複雑なアーキテクチャはシステム部門を悩ませ続け、ＣＩＯをＥＡＩ（エンタープライズ・アプリケーション統合テクノロジー：部門ごとに散在している業務アプリケーションやシステムを統合して一つのシステムとして活用するための仕組み）の採用に駆り立てている。Ｗｅｂサービスは新技術導入で先行する小規模通信会社などを中心に大方の想像を上回る速度で普及し始め、我々がインタビューしたＣＩＯの八％はこれをＥＡＩとして利用していると答えている（図表4-4❶参照）。しかしながら、多くの導入企業においてＷｅｂサービスはいまだ実験段階である。システム部門に高度なスキルと高いコミットメントが要求されるためである。

統合ブローカー（データやアプリケーションを統合するための拡張性の高いツール・パッ

図表4-4　EAIの採用状況

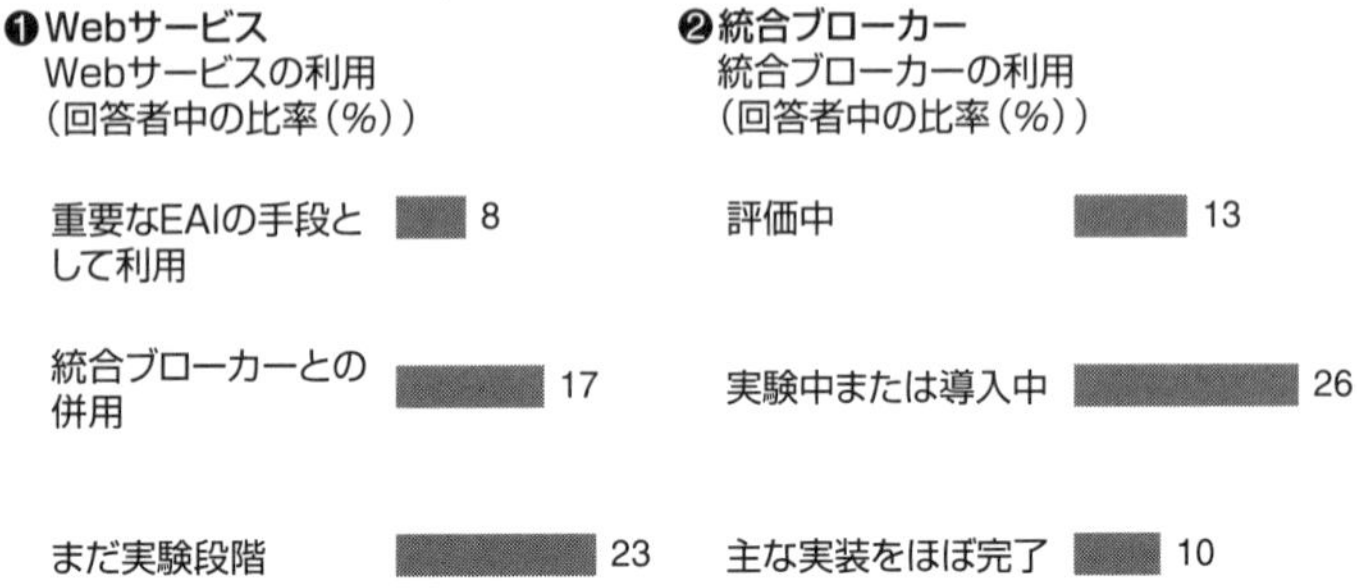

注：XMLのみを用いている企業は除く。回答者の51%は統合ブローカー・ソフトウエアを用いておらず、その予定もない。
出典：ドキュラブズ、マッキンゼーによる66名のCIOと技術担当役員へのインタビュー（2003〜04年に実施）

ケージ）に投資し、一対一のアプリケーション統合、サイロ型（部門ごとに分散・独立して管理されている）データやアプリケーション、一貫性のないデータ、レガシーシステムなどに対処する企業もある。約半分のCIOは統合ブローカーにすでに投資しているか、現在投資を検討中であると答えており（図表4-4❷参照）、多くの場合Webサービスと組み合わせて用いられている。通信会社と金融サービス会社での採用が最も進んでいる。これらの業界では扱う技術が大変複雑なため、統合ブローカーがとりわけ魅力的に映るのである。だが、試用した企業からの報告によればこのソフトの即効性は低く、相当に時間のかかるプロセスの末、多くのシステムがハブに組み込まれて初めて利益を実感できることが多いという。完全な統合には二年から六年もかかることがあり、忍耐力が必要である。あるＣＩＯは、「当社は統合ブローカーを導入して六年になる。何らかの利益を享受できるまで三年を要したが、現在は年間で二億ドル以上の節約を達成している」と述べた。

大規模パッケージの導入からニッチ・ソフトウエア投資へ

ソフトウエアへの投資は増えると予測されるが、大規模なパッケージ製品を売るベンダーがこの恩恵を受けるのは難しい。より対象範囲を絞ったソフトウエアが望まれており、企業が「一つですべてをまかなえる」大規模ソリューションよりも、導入リスクを下げる具体的手段を求めていることがうかがわれる。ＣＩＯたちは、ソフトウエア投資の六五％を独自アプリケーションの新規開発に、一六％を業界特有のソリューションに充てると答えている。すなわち、ＥＲＰ（統合基幹業務システム）やＣＲＭ（カスタマー・リレーションシップ・マネジメント）といった主要パッケージ製品からの大きなシフトが起こり、これらに対する投資額は残る一九％になると考えられているのだ。

景気後退の結果、労働市場ではITスペシャリストの給料が下がったため、二〇〇三年はITの人材確保に走る企業が多かった。(注4) 現在までの我々の調査によれば、こうして新たに採用された人々は、IT予算において大きな比重を占めつつある独自アプリケーションの開発とサポートに携わる例が少なくない。アプリケーション構築を内製化するこうした一連の動きは、おそらく将来、ベンダー保守が受けられないことによる規模の経済の低減と運用コストの上昇を招くだろう（とはいえ、海外へのオフショアリングがこのコストの増加をうまく相殺してくれる可能性はある）。

大規模パッケージ型アプリケーションの需要落ち込みの背景には、ほとんどの大企業がすでに導入済みであるという側面もあろう。しかし、企業がより機能を絞った、専門特化した製品を求めていることも見逃してはならない。あるCIOは、「ユーザー企業は大きなパッケージではなく、コンポーネントを買いたがっている。そうすれば購入した製品を追加的に変更し続けることができるからだ……。しかしそのようなマーケティングをしようとするソフトウエア・ベンダーはいない」と述べる。多くのCIOはまた、パッケージ製品は自社の求める機能を提供できないと指摘している。あるホールセール・バンクのCIOが説明する。「我々のニーズに合うような、債権のクレジット・リスクを分析できる高度なパッケージ・ツールは存在しない」。また、あるアセット・マ

図表4－5 CIOは焦点を絞ったCRM投資を好んでいる

CRM投資を実施していると答えた回答者に占める比率（%）（導入企業数は15社）

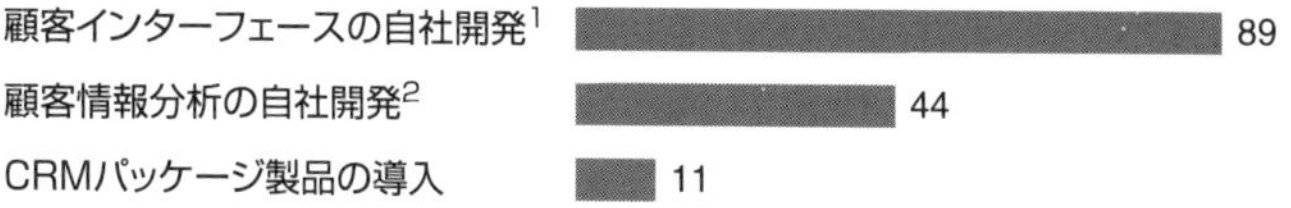

注1：たとえば、コールセンターの統合、顧客ポータルの総合化、営業力支援など。
注2：たとえば、データ・ウエアハウス、セグメンテーション、傾向モデルなど。
出典：マッキンゼーによる66名のCIOと技術担当役員へのインタビュー（2003～04年に実施）

ネジメント会社のCIOによれば、「自社開発のソリューションは必要悪だ。パッケージはニーズに合う機能を持たないし、パッケージを買ってカスタマイズするのはもっとひどい」。

CIOは、特に大規模なCRMシステムに関して用心深くなっている。ほとんどのCIOは、こうしたシステムの導入リスクは容認できないほど高く、狭い機能に特化した小規模のプロジェクトのほうがよいと答えている。回答者の二四%がCRMに類する投資を計画しているが、主要なパッケージ製品を導入するプロジェクトはその一一%にすぎない（図表4－5参照）。CRMに関してCIOが計画している支出のほとんどは、顧客インターフェースや顧客情報分析など限られた機能を果たすソフトウエアの自社開発に充てられている。ある通信会社のCIOの言葉によると、「既製品をいろいろ評価してみたのだが……パッケージ型の（ＣＲＭ）製品が提供するような全天候型のものは必要ないと思った」とのことである。ある大手の石油会社はＣＲＭを、多くのモジュールを一挙に導入するのではなく、小さなプロジェクトを積み重ねることで段階的に実現している。これは我々のインタビュー対象者の多くが述べていた一つのトレンドである。

意思決定・購買プロセスや予算使途に対するガバナンスの強化

企業がＩＴ投資を決定するプロセスもまた劇的に変化している。ＩＴプロジェクトの提案を評価するために、より高度な管理プロセスを採用する企業が増えている。一八％のＣＩＯが、ＩＴプロジェクトは他のプロジェクトと同じ土俵に立って予算を取り合う必要があると答えた。さらに一四％のＣＩＯは、予算またはボーナスが事業収支と連動していると述べている。

こうした数字は一九九〇年代よりも高くなっているが、明らかに大半の企業では、いまだにＩＴ予算の決め方や使い方がかなりルーズであると言わざるをえない状況である。六四％のＣＩＯにとってＩＴ予算とは、年初に決められるとそれ以降は削られる心配のないものである。あるＣＩＯの言葉を借りれば、「予算さえ決まってしまえば、その使用法についてだれかと争うことはない」。ＩＴ予算が執行されてプロジェクトが完了したあとも追跡調査や結果検証は最小限のものにとどまり、六八％ものＣＩＯが、ＩＴプロジェクトの成否に監査が入ることはないと答えている。

一方、購買のプロフェッショナルを動員し、ＩＴ製品やサービスの購入プロセスへのガバナンスを強化しようとする動きもある。購買部門がＩＴ支出で主要な役割を果たしている企業は調査対象の一八％。主要な役割を果たしているわけではないが、何らかのかたちで関わっていると答えた企業は一八％だった。しかし、ほとんどの企業では、ＩＴ投資はいまだ通常の購買プロセスとは違ったものとなっている。記録媒体などの日常品化した製品を購入する場合を除けば、購買部門とＩＴ部門との間には明確な連携が存在しないと答えたＣＩＯは四七％に上る。明らかに、ＣＩＯは自社の購買部門をもっと活かすことができるはずである。

もちろん、ＣＩＯ自身もこの流れから逃れるわけにはいかない。多くのＣＩＯがＩＴ投資関連の意思決定において自らの発言権が下がっていると答えている。企業の七七％にはＩＴ戦略委員会があり、そこが新規ＩＴ投資の相当部分を統括している。さらに、ＣＩＯの四二％は、トップがこの意思決定機関で強い発言権を持っていると答えた。Ｃ

ＦＯにレポーティングしているＣＩＯの数は二〇〇三年には倍増したが、企業がＩＴ投資からより大きな見返りを得る道を模索しているため、この傾向は続く可能性が高い（本書第五章「次世代のＣＩＯとは」参照）。

多くのＣＩＯはＩＴ投資に関するこのような責任の移行を前向きにとらえており、事業部門もこの意思決定プロセスに積極的に関わること、また財務および購買部門もＣＩＯの予算を最大限に活かすために有効な役割を果たすことを望んでいる。

【注】

（1）本調査は、六六名のＣＩＯとテクノロジー担当の上級幹部へのインタビューを含んでいる。

（2）本記事の原文は二〇〇四年上旬に執筆された。

（3）モルガン・スタンレーが最近実施したＣＩＯへのアンケートによる。

（4）Martin D. Bates, Kendall B. Davis, and Douglas D. Haynes, "Reinventing IT services," *The McKinsey Quarterly*, 2003 No.2, pp. 142-153（www.mckinseyquarterly.com/links/12959）参照。

Chapter 5

Next-generation CIOs

次世代のCIOとは

デビッド・マーク
エリック・モンワイエ

金平直人・監訳

【著者紹介】

David Markはマッキンゼー・アンド・カンパニーのウエストコースト・オフィスのプリンシパル。
Eric Monnoyerは同パリ・オフィスのプリンシパル。

本稿の初出は、***McKinsey on IT,*** 2004 Spring

Next-generation CIOs
McKinsey on IT, 2004 Spring

ITシステムの運用業務を立派に監督しているCIOは多い。しかし、IT投資が事業に最大限の利益をもたらすべく、会社全体をリードしているCIOは実に少ない。ITを運用するだけでなく、ITで会社を変革する方法を見つけ出す、新しいスタイルのCIOが求められている。CIOはそうした任務を果たせるようになるのだろうか。

一つの例を挙げてみよう。ヨーロッパのある大銀行のCIOが情報システム部門に規律と目的意識を植えつけ、IT支出を削減し、インフラを整備・更新し、事業部門にITが重要であることを示してみせた。しかし、全社の立場から見ると、このCIOの業績はさして大きなものではなかった。同行のIT予算は従来の銀行業務を維持するのみで何ら新たな価値を生むイノベーションに使われておらず、またIT投資とその運用は銀行の事業戦略と軌を一にしたものではなかったからだ。

そこで、同行のCFOは、CIOとの連携を提案した。つまり、二人が協力して各事業部門のリーダーを巻き込み、銀行が抱えるIT上の課題を明確化しようというのである。CFOはまず手始めに、事業部門に対して自らの意思決定がIT支出に与える影響をよく見えるようにしようと提案した。CFOによって、IT部門からの報告内容が、運用費用や信頼性といったデータから、業務プロセスへの支障や財務数値など事業寄りの情報に置き換えられた。CFOはまた、IT投資に関して事業部門の関与を深める新たな意思決定プロセスを導入するよう全社に強く働きかけ、実現してしまった。一連の取り組みが功を奏し、事業部門のリーダーたちは事業の複雑化とともに膨らんでいたITコストを削減する取り組みにだんだんと深い関わりを持つようになっていった。(注1)今日、同行のCIOとCFOは、IT投資について以前よりも意思決定の精度が上がり、結果に対する説明責任も果たしやすくなったと感じている。

この銀行における本当のITリーダーはCIOだったのか、それともCFOだったのか。答えは明らかである。CFOこそが同行のITを次の段階に引き上げる努力を牽引したのだ。情報システム部門を効率的に運営することに満足するCIOもいるなかで、より大きな役割を果たしたいと考えるCIOは、遠からず一つの選択を迫られる。すなわち、ITリーダーとして新たな責任を担うべく、自ら一段の高みを目指すのか、それとも、別の幹部に道を譲るのか、である。

多くの企業のCIOがIT資産の最適化に成功してきた一方で、CEOはITが業績向上にそれほど貢献していないことにますます失望している（章末の囲み「CEOはITについて本当はどう思っているか?」参照）。ただし、ITに価値を生ませるためにどうマネジメントすべきかについては、多くの場合CEOとCIOの意見は一致している。たとえばIT投資の意思決定に事業部門をもっと関与させる、投資の期待成果を実現するための説明責任を強く問う、ITを単に運用するのではなく会社を変革するために使う、といった点である。抜けているのは、こうした変化を現実のものとするリーダーシップである。

一つ明らかにしておくが、本章は多くの人々が何年にもわたって行っている主張、つまりCIOが戦略の意思決定の席に着くべきだ、ということを提案しているのではない。この主張は間違っていないが、物事を単純化しすぎている。CIOのなかには、ITを新しい事業に応用するための戦略的洞察においては優れているものの、先ほど紹介したCFOのように価値創造に向けて組織を牽引するには至らない者もいる。ITのリーダーシップが最終的にCIOの手に握られるのか、それとも他の経営幹部が引っ張るかは、CIOほか各経営幹部の能力および社内における信頼、当該企業の文化やITに対する見方等さまざまな要素に依存するが、最近の調査(注2)では、上級幹部は少なくとも、ITの課題に関するCIOからの意見にはほとんど重きを置いていないことがわかっている。彼らのCIOへの最たる期待は、ITを用いて事業価値の向上を果たすことなのである。

すでに自らの役割を拡大しつつあるCIOもいる。我々が現在進めているフランス企業のCIOの役割に関する研究や、他の欧米のCIO、CEO、事業本部長らとの議論も踏まえると、(注3)CIOが自らの役割を変えていくためには新たな着眼点とスキルが必要とされる。CIOは自社のITについて、供給の管理から需要の創出へと視座を切り替える必要がある。そして、経営幹部としてのリーダーシップを磨かなければならないのである。

供給から需要へ

わかりやすくするために、ITを需要と供給という枠組みで考えてみよう。CIOの業務は広範にわたるが、その片方の極にあるのが供給サイド、つまりITのリソースやサービスを事業部門へ提供する業務である。そしてもう一つの極が需要サイド、つまりITの活用を通じて、事業のイノベーションを支援する業務である。

ITリーダーシップの発揮という新たな責任を引き受けようとする一部のCIOは、供給サイドの管理業務については権限委譲や業務削減に努め、一方の需要サイドで事業部門にとって役立つテクノロジーを識別し、活用を支援する時間を増やし始めている。これはCIOにとって一つの挑戦である。事業部門のリーダーたちに対して、テクノロジーについても当事者意識を持つよう説得しなければならないからだ。このため、CI

Oたちは自らの役割を再定義し、コミュニケーションの仕方もリーダーシップの取り方も変えようとしている。

実のところほとんどのCIOは、この需要側と供給側の役割をバランスよく果たすことに非常に苦心している。ITの供給を管理すること、つまりコスト効率を高めながら安定的に情報システムを運用することはCIOの業務の基本である。CIOがより広い責務を請け負う場合にも、その前提として基本的なシステムはきちんと動くようにしておかなければならない。一方で、事業部門のリーダーや社内のその他の経営幹部との協議、顧客、サプライヤー、パートナーとの意思疎通にも、CIOはすでにかなりの時間を費やしている。

結果として大半のCIOが認めているとおり、供給側の管理業務に追われ、需要の創出に手が回らないという傾向は否めない。これまでに行われたさまざまな調査のなかで、CIOは常にITと事業戦略との連携が最も重要な課題の一つであると答えているにもかかわらず、効果的な戦略立案のための十分な時間が持てないのだ(注4)。需要サイドからのプレッシャーは感じているものの、なかなか応えられずに四苦八苦しているのである。

また、多くの経営幹部によれば、CIOは彼らと協議はするものの、必ずしもそれが有益な時間にはなっていないという。CIOは事業が直面している変化のスピードに追いつくことができない、つまり事業部側との議論からＩＴ要件を見出し、導入計画や投資提案に盛り込むことができないというのである。さらに事業部門のリーダーたちは、ＩＴが事業の競争力をどう高めてくれるのかについて、ＣＩＯは積極的にアイデアを出してくれないと語っている。

問題の一端は、供給の管理と需要の創出との矛盾に起因している。たとえば多くの場合、ＣＩＯはＩＴ支出の総額を減らすという要求に応えなければならない一方で、将来の成長シナリオを支えるために投資しなければならない（投資が運用コストを高めるにもかかわらず）。コスト・カッターであると同時にイノベーターでもあろうとすることにより、ＣＩＯは片方の役割について妥協せざるをえなくなることがある。ある金融サービス会社のＣＩＯは全社の目標を忠実に果たし、ＩＴの調達コストを大幅に削減したが、同社の老朽化したレガシー・システムは競争力のある機能を果たせなくなってしまった。同社の経営幹部はいまでも、ＩＴ投資をなぜ増やさねばならないのか、あるいは今後必要な新機能が実現できるまでになぜ時間がかかるのかを理解できていない。

また、ＣＩＯが需要サイドの役割を拡大しようとすると、組織の壁にも直面することになる。ＣＩＯ単独では、他の役員が指揮する部門は変革できない。役員たちはＩＴリーダーシップの強化を期待する一方で、役員同士の境界を踏み越えるＣＩＯには警戒するのだ。

皮肉なことに事業部門のリーダーたちは、ＩＴの戦略的重要性への理解を深めるにつれ、ＩＴの所有と説明責任をめぐって進んで争うようになった。ドットコム・バブルと言われた時期には、インターネット販売の取り組みをＩＴ部門に代わって主導した者もいた。ビジネス・アプリケーションの投資決定の際など、議論が特に白熱しがちである。アメリカのある金融サービス会社で、事業本部長たちが経営陣の一角を占めるＣＩＯと大喧嘩になったことがある。そのＣＩＯは、事業部レベルでのＩＴ投資に関する自らの権限を大きくする一方、各本部長に対してはＩＴから得られる利益に関する説明責任を負わせようと画策したのである。

ＩＴリーダーシップの構成要素

ますます多くの企業にとってＩＴが事業の根幹を担うようになった今日、ＩＴに関わる人々が次に果たすべき目的は明らかに需要サイドの改善である。この課題に取り組むＣＩＯ、あるいはその他の経営幹部は、これまでとは違ったリーダーシップを発揮しなければならない。需要サイドのリーダーシップを成り立たせる要素とは何なのだろうか。ＩＴ投資から大きな価値を引き出すことに成功している企業には、共通して以下の要因を見出すことができる。

❶ＣＩＯを含む主要な経営陣が、現在のＩＴコストと将来の投資を「財務面から」よく理解している。事業部門とＩＴ部門の管理職が共通言語（専ら財務用語）でＩＴについて議論している。

❷組織の随所に、ＩＴに対する「収支責任」が浸透している。ＩＴを財務面から理解する経営幹部は、率先してＩＴ投資に価値を生ませる責任を担おうとする。

❸事業部門、ＩＴ部門双方の管理職が、新たなＩＴ投資で自社の生産性と競争力を高める方法を真剣に研究している。言い換えると、事業の変革の助けとなる「イノベーション」を探している。

ほとんどの会社にとって、ＩＴリーダーシップはまだ空白地帯だ。ＣＩＯはこれら三つの成功要因を、自らにとっての絶好の機会と見るべきである。いずれかの、あるいは三つすべての改善を主導することで、ＣＩＯはＩＴ投資から以前より格段に大きな価値をもたらすことが可能となる。またその過程で、さらなるリーダーシップを担う信用を築くこともできる。

❶財務面から見たIT

事業部門の経営幹部がＩＴ投資の意思決定に関わる会社では、ＩＴ部門のリーダーは、特定のシステムをつくり上げるのに何人・日かかるかといった類のレポートを作成する代わりに、ＩＴのコストを財務的な枠組みの中でとらえようとする。たとえばある会社のＣＩＯは、新しいシステムに関する投資について、同じ業種内の他企業が行うさまざまな投資の対売上比率や投資収益率との比較を行った。また別のＣＩＯは日常的に、ＩＴの経費および投資を施設費や人件費といった把握可能なカテゴリーへと分類したうえで、事業部門側にどのような変化があれば、コスト削減あるいは投資効果の向上につながるのかを明らかにしている。

また数は少ないが、ＣＦＯが強力な推進役となって、ＩＴ部門や事業部門がＩＴ投資を評価・測定する方法を整備・変更し始めた企業もある。賢明なＣＩＯであればＣＦＯと連携を強め、こうした取り組みを全社に浸透させることもできるだろう。

❷ＩＴ投資の収支責任

多くの経営幹部は、ＩＴ部門に加えて事業部門にもＩＴ投資の収支責任を負わせればより成果を生む投資につながるということを認識している。(注5) しかし、事業部担当の役員に新システムの利益を実現する責任を負わせるどころか、彼らを投資判断に巻き込むことさえ難しいのが現状だ。改善しなければならない点は多岐にわたる。二〇〇三年のマッキンゼーの調査によると、六四％のＣＩＯが、ＩＴ予算が年初に決まった後は予算獲得のために事業部門やその他の部門と争う必要がないと答えている。また、六八％がＩＴプロジェクトの成果を監査する仕組みがないと回答し、一四％は監査のプロセスはあるものの、その結果が予算にもボーナスにもリンクしていないと述べている（本書の第四章「ＩＴ購買における質と決定者の変化」参照）。

こうした組織上の制約はあるものの、ＣＩＯは説明責任の強化を推進することはできる。基本的なところでは、ＣＩＯはシステム導入後の監査を自ら実施できる。より広範な取り組みとして、たとえばグローバルなＩＴ組織の再編成のように大規模な変革をＣＩＯが主導し、その一環として事業部門がＩＴ投資の意思決定について以前より大きな責任を担うようになったという例もある（こうした成果を成し遂げたＣＩＯの実例については、本書の第九章「ドイツ銀行のＩＴ革命」参照）。

❸イノベーションの模索

我々が話を聞いた事業部門のリーダーたちは、自分が新しいテクノロジーのうちのどれを精査し、どれを無視すべきかがよくわかっていない点を心配している。次々と生まれるテクノロジーのなかに破壊的な（競争環境を一変させうる）ものはあるのか、事業部門にとっては新たなテクノロジーは具体的にどう活かせるのだろうか、といった心配である。

フリトレー（アメリカのポテトチップ・メーカー）、デルタ航空、ファースト・データ・リソーシズのＣＩＯを歴任したチャーリー・フェルドによれば、ＣＩＯはビジネスとテクノロジーが織りなす複雑なもつれを解きほぐして一定のパターンや意味を見出し、どれが「本当に役立つもの」で、どれが「ただの流行りもの」かを、見極める能力が求められるという。こうした視点は、需要サイドのリーダーシップに求められる要件の一つである。

ヨーロッパのある大手建設会社のＣＩＯは、会社内の自分の役割を、「チーフ・イノベーション・オフィサー（ＣＩＯ）」であると表現している。このＣＩＯは欧米の先進企業がＩＴをどう活用しているかを相当の時間をかけて研究し、新たなソリューションを見出そうとしている。たとえば、他業種で利用されているテクノロジーを転用し、建築・建設業界で新たなトレンドを創出する機会がないか画策しているのである。

ＣＩＯが転換を図るには

以上のような三つの分野で改善を推進するＣＩＯは、ＩＴの運用面に携わるよりも、優れたリーダーになることに時間と労力を割く必要が出てくるだろう。ＣＩＯがこうした転換に成功するためには、何をなすべきだろうか。ＣＩＯ、事業部長、そして経営幹部との議論のなかで、いくつかの重要なポイントが見えてきた。

●まず効率を確保し、効果への移行を図る

供給サイド（効率）から需要サイド（効果）のリーダーシップへと転換を図るための最初のステップは、ＩＴ部門を財務面でも運用面でも健全な状態に保つ、すなわち足場を固めることである。ある北米のエネルギー企業のＣＩＯが言うように、「基本的なシ

ステムの構築・運用もできないのに、戦略を語ることなどできない」ものだ。

ＣＩＯにとってのジレンマは、効率の確保と効果の向上ではマネジメントの手法がまったく異なり、別々のスキルや優先順位付けが必要となる点にある。効率を確保する過程では、ＣＩＯはプロジェクト志向で考え、目標達成や「火消し」のための短期のアクションに集中せざるをえないことが多い。事業部門との意思疎通は行動計画と進捗状況が主体となる。

ＩＴの基本機能が円滑に作動し、供給サイドから需要サイドに目を向けるようになると、求められるマネジメント能力は変化する。つまり運用の技能より戦略的思考が、短期的視点より長期的視点が、そしてＩＴコミュニケーション能力よりもビジネス・コミュニケーション能力が必要となる。ＣＩＯはこの違いだけではなく、移行の時期の選び方も知る必要がある。それが早すぎても遅すぎても、リーダーとしての信頼は痛手を被ることになる。

この移行が容易ではないと言うＣＩＯもいるだろう。しかし、首尾よく移行を果たしたＣＩＯは、運用に割く時間を減らし、共通言語で事業部門と対等に議論し、ＩＴから事業価値を創出することに多くの時間を使えるようになる。

●事業部門のリーダーとの関係を再構築する

効率を確保したＣＩＯにとって、効果の向上に向けた次のステップは、事業部門のリーダーたちと強固な関係を築き上げることである。供給主体のＩＴリーダーシップをもってして、この関係を構築することは難しい。多くの企業では、ＩＴ担当のスタッフがシステム要件について事業部門と協議を重ねているにもかかわらず、そのリーダーたるＣＩＯはたいてい自分の部署にとどまって供給サイドを管理している。この逆の流れが起こる必要がある。

事業部門との意思疎通に時間を費やしているＣＩＯでも、議論の内容を理解するには咀嚼が必要な場合も多い。すべての議論の場は、ＩＴに対する財務面からの共通認識をうちたてる機会ととらえるべきである。需要サイドに立ったＣＩＯは、ここでＩＴ特有の物差しや運用レポートを持ち出したりはしない。相手が必要としない情報を提供しても、ＩＴに対するネガティブな見方を助長するだけだからである。その代わり、事業について尋ね、相手の意見に耳を傾けるのだ。必要とする情報のレベルは経営陣によってそれぞれ異なるが、賢明なＣＩＯは、共通言語である財務の枠組みのなかで、こうした差異を調整する方法を見出すのである。

ＣＩＯはこうした議論のなかで、ＩＴがどのようにして事業の新たな発展に貢献できるのか、自らの見解を示さねばならない。巧みなＣＩＯは、競合他社がやっていることを持ち出して議論をリードすることがある。たとえばある銀行のＣＩＯは、他行から新たに採用された管理職へのインタビューを日常的に行い、業界内での事業課題やテクノロジーの活用について情報収集に努めている。

●経営会議にＩＴの意思決定を持ち込む

一部の先進的な企業は、かつてのＩＴ委員会（事業部門の管理職とＩＴスタッフによる構成が典型的であった）を解散し、全社の経営会議の場にＩＴ投資に関する意思決定の責任を移している。ＩＴ委員会が限られた役割しか果たせていなかったからだ。事業部門の管理職が代理を送ることが多く、それが委員会の継続性を損ない、ＩＴに対する見方をぶれさせる原因となっていたのである。

現在こうした企業では、既存のトップ経営陣による経営会議の議題にＩＴを加えている。過去、有効で迅速な意思決定の場として機能してきた経営会議は、ＩＴに関して学ぶに従って、他の事業案件と同様の意思決定プロセスをＩＴにも適用できるようになってきた。そのような場を持つ企業の経営陣は代理を送ることはなく、ＩＴプロジェクトに関するすべての意思決定はこの会議でなされる。この仕組みを用いると、多数の委員会が異なった立場からＩＴ投資の責任を分担した場合に直面する諸課題（たとえば他の委員会との縄張り争いや一貫性のない意思決定など）を回避することができる。

最終的には、供給サイドの責任については、一部またはすべてを手放すＣＩＯも出てこよう。ヨーロッパのある企業のＣＩＯは、供給サイドの機能のほとんどをアウトソースし、残った管理職を需要サイドの活動に特化させようとしている。別の保険会社では最近、供給サイド志向のＣＩＯを解任した。後任のＣＩＯは経営会議のメンバーとなり、供給サイドの責任はまったく負っていない。

ＩＴからこれまで以上に事業価値を引き出す必要性が高まり、技術をよく理解したリーダーが求められている。いまこそＣＩＯが自ら奮起して、その役割を担うべきだ。越えるべき壁は多いが、いまほど機が熟した時はないのである。

CEOはITについて本当はどう思っているか？

ほとんどの大企業は、ＩＴ部門と事業部門の管理職間の連携を緊密化させるために苦労してきた経験を持つ。この長年にわたる課題は、フランスのＣＥＯとＣＩＯが組織内の情報システムのパフォーマンスをどう見ているかに関する最近の調査でも再びクローズアップされた(注6)。この調査を通じて明らかになったのは、ＣＥＯが以前にも増して切実に解決策を求めていること、そしてＣＩＯ、事業部門のリーダーともに、近々ＩＴに関する収支責任を求められることになるだろう、ということである。

調査のなかでＣＥＯたちは、ＩＴがパフォーマンス上の要求水準（たしかにこれらは高いのだが）を満たしていないと回答している。特に、経営上の意思決定を支えるシステムやツールの提供、および事業部門全般にわたって共通のシステムとプロセスを展開することによる規模のメリットの確保が不十分であると指摘している。ＣＥＯは期待値と実際のパフォーマンスとの間にギャップが生じる理由を、主にＩＴプロジェクトに対する事業部門の関与が不十分であること、プロジェクトに対する監視と管理が弱いこと、そしてＩＴ部門が事業上の要件を適切に理解していないことであると考えている。あるＣＥＯのコメントにもあるように、「事業部門のスタッフが情報システムに無関心なため、ＩＴ部門の人間がすべての決定権を持ってしまった」という状況だ。

ＣＥＯは、事業部門がＩＴプロジェクトの全過程にわたって深く関与することを期待している。実に九〇％のＣＥＯが、戦略実現に必要なＩＴ投資を見極めること、重要なＩＴプロジェクトを支援、監視、評価すること、そしてＩＴ投資と予算の決定にかかわるだけでなく、テクノロジーの導入にあたって必要となるプロセス上、組織上の変更の実現に向けて尽力することを事業部門に望んでいる。しかし事業部門による関与は期待をはるかに下回っているのが現実だ。たとえば、事業部門がＩＴプロジェクトの成果を監視・評価していると感じているＣＥＯは一〇％に満たない（図表5-1参照）。

さらにＣＥＯは、現在のＩＴガバナンスが、価値を生み出すためのＩＴの戦略的な活用よりもチェック・アンド・バランスに重点を置いたものであることを認めている。調査対象のほとんどの企業で、事業部門は情報システムへの投資額をケース・バイ・ケースで配分していた。プロジェクトは、事業部門とＩＴ部門の管理職による共同チームによって進められ、それをステアリング・コミッティが統括するという形態をとる場合が多い。ＩＴに関し長期にわたる責任感を抱く事業部門はきわめて少なく、ＣＩＯと事業部門との意思疎通は戦略ＩＴ委員会の場で年に数回程度しかなされない企業が大多数である。半数の企業では、ＣＩＯは事業部門の戦略立案に関わっておらず、またほとんどの企業では、ＩＴが役員会レベルで議論されることはない。

しかし最も重要な死角となっているのは、ＩＴのもたらす利益に対する評価と監視である。この調査では、余程の大規模プロジェクトでない限りは収支計算の評価もなされないまま実行に移されており、期待された結果が得られたかを監視している企業は半数にすぎず、そして一〇社のうち九社では事業部門がＩＴのパフォーマンスに関する責任を持たないことが明らかとなった。

図表5−1　**満たされない期待**

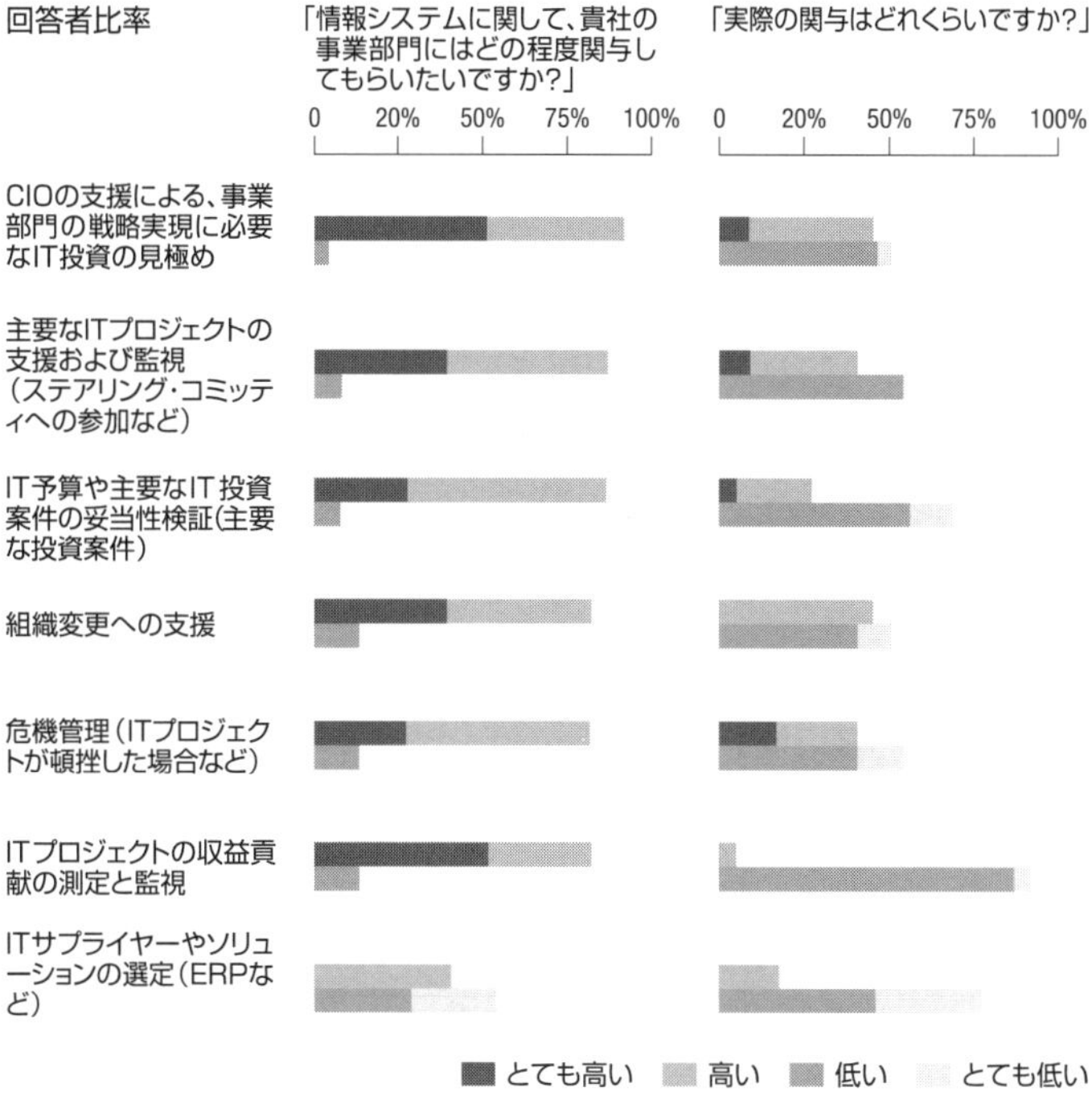

出典：2002年のマッキンゼーおよびClub Informatique des Grandes Entreprises Françaises (Cigref)による70社以上のフランス企業のCEOおよびCIOへの調査

一方でこの調査は、ＩＴによる事業価値の向上に関して、事業部門の管理職により大きな説明責任を求めるＣＥＯが現れ始めていることも示唆している。一つの事例としては、事業部門に相当高い進捗目標を持たせ、管理職に対して、それを達成するために情報システムの活用方法を探させるというアプローチがある。あるＣＥＯは次のように述べた。「事業部門に権限を与える代わりに目標にコミットさせることを試みている。進捗を監視し、ベンチマークを用いてプレッシャーを与えているのだ。たとえば財務処理プロセスに関わるコスト削減では、ベンチマークを総収入の〇・八％に設定し、これを達成するまでの期間として一八カ月を与えた。部門長はＩＴにほとんど関心がなかったが、程なく、優れた情報システムがないと継続的な目標達成が不可能であることを理解した。半年もたたないうちに、私は改革の成功を確信した」

事業部門の管理職をＩＴ投資の意思決定にもっと関与させるために、ＣＥＯが用いているその他のアプローチとしては、ＩＴに関する課題を役員会の議題に乗せる、あるいはＩＴと事業部門の戦略を統合するためのマスタープランを開発する、などがある。

【注】

（1）Frank Mattern,Stephan Schönwälder, and Wolfram Stein, "Fighting complexity in IT," *The McKinsey Quarterly*, 2003 No.1（www. mckinseyquarterly.com/links/12969www.mckinseyquarterlt.com/links/12969）、本書第三章「ＩＴの複雑さと戦う」参照。

（2）ガートナーＧ２とフォーブス・ドット・コム「主要な事業課題に関する調査：ＣＥＯが夜眠れないのはなぜか?」世界中の大企業から四六二名の上級経営幹部の回答で構成されたこの調査の分析については、二〇〇四年二月の

Forbes.comで公表されている。

（3）マッキンゼーとClub Informatique des Grandes Entreprises Francaises（Cigref）が二〇〇二年にフランスのトップ企業七〇社のＣＩＯとＣＥＯに対して行った調査のフォローアップとして、我々はこれらの企業の事業本部長への詳細なインタビューを実施している。

（4）最も新しい調査は、「ＣＩＯの実態調査」、ＣＩＯ誌二〇〇三年四月一日号

（5）Dan Lohmeyer, Sofya Pogreb, and Scott Robinson, "Who's accountable for IT?" *The McKinsey Quarterly*, 2002 special edition（www.mckinseyquarterly.com/links/12971）、本書第六章「ＩＴをめぐる説明責任と協力体制」、David Mark, and William F.Meehan, "Escaping the IT abyss," *The McKinsey Quarterly*,1997 No.4（www.mckinseyquarterly.com/links/13165）参照。

（6）本調査は二〇〇二年に、マッキンゼーとClub Informatique des Grandes Entreprises Francaises（Cigref）が共同で実施したもので、フランス・トップ企業七〇社以上のＣＥＯとＣＩＯとのインタビューおよび書面による回答をもとに分析されている。

Chapter 6

Who's accountable for IT?

ITをめぐる説明責任と協力体制

ダン・ローマイヤー
ソフィア・ポグレブ
スコット・ロビンソン

大隈健史・監訳

【著者紹介】

Dan LohmeyerとSofya Pogrebはマッキンゼー・アンド・カンパニーのシリコンバレー・オフィスのコンサルタント。
Scott Robinson は同ワシントンDCオフィスのプリンシパル。

本稿の初出は、*The McKinsey Quarterly,* 2002 Special edition: Technology

Who's accountable for IT?
The McKinsey Quarterly, 2002 Special edition:Technology

ここ数年、多くの経営者、アナリスト、評論家などが、技術担当者ではなく事業部門のリーダーがＩＴに対する「オーナーシップ」を発揮すべきだ、と主張し続けてきた。事業部門のリーダーは、ＩＴが自部門に及ぼす影響と、そのために使われる費用の双方についての責任を持つべきだというのである。(注1) 組織内でＩＴが果たす役割は変化しているのだから、ＩＴ投資の管理手法も変えていかなければならない、というのが彼らの論拠だ。

かつてＩＴ部門は、サポート機能を効率的に提供していればよかった。しかし、いまや新しいＩＴアプリケーションは、事業上の要求を満たす特定機能を実現するものがほとんどであり、事業部門をパートナーや顧客につなげる役割を果たしているものもある。したがって、ＩＴ投資の効果を最大化しようとすると、まず事業のプロセスから見直さなければならない。さらには、ＩＴをどう活用すれば業務の改善を促し、かつ競争力を得ることができるかを理解しなければならない。しかし、ＩＴに対してこのように進歩的な考えを持つためには、事業部門のリーダーが、これまでにも増してＩＴに関する意思決定に深く関与する必要がある。もっとはっきり言えば、彼らがＩＴに関する決定権を握っている場合にのみ、こうした考えに至ることが可能となるのである。

こうした考え方に耳を傾け、変革を起こすべく取り組んできた企業もあるが、その取り組みから期待した効果を得られたと考えている企業はまだ少ない。たとえば、ＩＴ委員会に事業部門のリーダーを加えたにもかかわらず、事業部門とＩＴ部門との協力関係が十分には改善されず、役に立たないアプリケーションが導入され、ＩＴコストが上昇を続けるといった事態が引き続き起きている。

ただし、こうした問題はあるものの、多くの企業は事業部門とＩＴ部門のマネジャーが共同作業を行うための枠組みとプロセスをつくり出すという第一歩を間違いなく踏み出している。この協力体制があることで、少なくとも事業部門のリーダーは、ＩＴ投資を監視し、検討中のＩＴアプリケーションを評価し、自部門が新システム導入に伴う変更を行えるようサポートすることができるようになった。しかし、監視役であることを除くと、事業部門のリーダーたちは事業に注いでいるほどの情熱をＩＴの運用には注ごうとしない。結果として、ＩＴの管理は依然ＩＴ部門のリーダーに一任され、彼らはさまざまに変化する事業上の要求に応えるために奮闘しているのである。

それでは、どのようにしてＩＴ部門と、本来彼らがサポートすることになっている事業部門との間のギャップを埋めることができるのだろうか。重要なことは、経営者が全社的なＩＴ課題を設定するだけでなく、ＩＴのパフォーマンスを管理できる体制を確保することである。そして経営者の報酬には、こうした判断力や管理能力を反映しなければばならない。事業部門のリーダーが事業価値を生み出す可能性を秘めたＩＴプロジェクトを無視し、難しい局面になると、責任を持って完成に向けて先頭に立つかわりに突然キャンセルしてしまう例を我々は何度も眼にしてきた。事業部門のリーダーたちは、単にＩＴ投資について意思決定をし、あとはだれか他の者に任せるのではなく、その成果にも責任を負わねばならないのだ。

ほかにも変革すべきことは多い。多くの企業では現在、ＩＴを事業とはまったく別の機能として管理している。その結果、ＩＴ担当の役員は全社的なネットワークやアプリケーションばかりではなく、個々の事業や機能を支える複雑な組織を率いなければならないにもかかわらず、事業部門との間にはほとんどつながりがないのが現状である。このギャップを埋めるには、ＩＴ部門から選抜されたマネジャーが事業部門と協働し、その一員と見なされるほどの緊密な関係を築かなければならない。そして事業部門のリーダーがＩＴの成果に対して責任を負わなければならないのと同様に、ＩＴ部門のマネジャーは事業の成果に対する説明責任を果たす必要がある。

金融サービス、エネルギー、ハイテク分野の企業のなかには、このようにＩＴに対する取り組み方を転換し始めたところもある。その結果ＩＴ投資のＲＯＩ改善に成功し、ＩＴコストを以前よりもずっとうまく管理できるようになった。こうした企業を例にとって、事業部門とＩＴ部門との連携をより効果的にするための実践的なアドバイスをいくつか紹介していきたい。

事業部門とＩＴ部門による連携の阻害要因

事業部門とＩＴ部門との関係を改善する試みに失敗する企業は後を絶たない。こうした関係改善を難しくしているのは、マネジャーも従業員も、それぞれ相手の部門に猜疑心を持っていること、あるいは会社の側でモデルとなるような両者間の協力の先例を示し得ないことなど、さまざまな理由がある。なかでも、どの会社にも共通している問題として以下の四つを挙げることができる。

●文化の違い

事業担当の役員は、ＩＴ部門のマネジャーが事業上の要件を理解していないので、真の価値をもたらすはずがないと考えているため、ＩＴプロジェクトに参加することを渋る傾向にある。「あいつらは何もかもメチャクチャにするに決まっている。私がその責任を取らされるのはまっぴらだ」というのが、事業担当役員からよく聞かれるコメントである。ＩＴ部門は、事業部門が何を欲しているか十分に理解できないため、必然的に期待もしくは要求されている水準よりも低い機能しか提供できず、結果としてこのような印象を増幅することとなる。一方、ＩＴの専門家の側でも、アプリケーションの内容を噛み砕いて説明すべき対象であるユーザーを軽んじる傾向がある。

この両者に深く根づいてしまった文化の違いに対処することは、ＩＴ委員会だけではとうていできない。ＩＴ課題を設定するための委員会や共同のプロセスを通じ、ＩＴに関する共通の見識と、共通の言語を獲得できれば、両者を隔てている問題について話し合うことが容易になるのは間違いない。しかしどちらの側も結局はそれぞれ自らの陣営へと戻ってしまい、文化の違いを乗り越えることはない。というのも彼らのキャリアにとって重要なのは自部門の業績を上げることであって、共同の目標を達成することではないからだ。

●官僚主義の横行

事業部門とＩＴ部門との連携は、意思決定プロセスにおいても重要だ。しかし、そのためにＩＴ関連の委員会が増殖し、ＩＴ投資の要望があるたびに長々とした事業計画が必要になると、プロセス自体が相当複雑化する可能性がある。

ある会社では、純粋によかれという動機に基づいて、事業部門ごとにＩＴ計画の策定委員会をつくったが、そのほかにＩＴ戦略委員会、ＩＴアーキテクチャの標準化委員会、全社的なＩＴ課題の優先順位設定委員会がつくられた。結果として意思決定は分散化し、具体的な決定はほとんど行われず、責任のなすりつけ合いがはびこる事態となった。委員会は少なければ少ないほうがよい。そしてその運営は、ＩＴ投資案件の優先順位設定やスタンダードの確立といった重要事項について決定権を持つ、少人数の出席者で行われるべきである。

●非公式な折衝の増加

ＩＴ投資の決定プロセスが複雑になりすぎると、意思決定は非公式に行われるようになる。こうなってしまうと、事業部門のマネジャーたちがＩＴに関する要求をするのに公式のチャネルを迂回するため、合理的な投資や効果的な支出がほとんど不可能となってしまう。私たちが接した数社の役員も、自社のアプリケーション開発向け支出のうち、この「影の」支出が四〇％近くを占める事実に衝撃を受けていた。

●不適格な人材の参画

正しいプロセスで委員会が運営されたとしても、参加者の選任で誤りを犯すこともありうる。全社戦略への幅広い見識がなく、判断を即決できる権限もない事業部門の下級マネジャーや、会社の方向性を正しく把握できないＩＴ部門のマネジャーなどを委員会に選任してしまう場合である。その結果、意思決定が遅くなるばかりか、わずかな利益しか生み出さないＩＴ投資を選択してしまう可能性が高まる。ＩＴ部門のマネジャーが事業を理解し、事業部門が上級マネジャーを委員会に送り込まない限り、両サイドがきちんと協力できる体制は整わない。

事業部門とＩＴ部門の連携を実現するために

これまで述べてきたような難題を克服し、競争優位の確立のためにＩＴを使いこなしている企業も存在する。こうした企業の多くは、三つの重要なステップを踏んでこの水準に達している。第一に、事業部門のリーダーにＩＴ投資のもたらす利益について説明責任を負わせていること、第二に、彼らをＩＴ課題の設定に関与させていること、そして第三に、かなりの程度ＩＴ部門を事業部門に組み込み、調和を促していることである。

❶事業部門によるＩＴへの説明責任

事業部門とＩＴ部門との連携が重要であると経営陣が認識していたとしても、事業部門のマネジャーがＩＴの計画立案とその結果に責任を負う体制にないと何も始まらない。連携の実現にはこの責任体制の確立が最も重要なステップなのだが、そのためには取り組むべき課題も多く、最も困難なステップでもある。システムが全社横断的に構築されている場合、だれが、何に対する責任を負うべきか、成果はどのように評価、測定されるのか、事業担当の役員は、自部門にテクノロジーを導入するＩＴ組織を自らが統制できない時に、どのようにしてその成果に責任を負うのか、といった課題に答えなければならないのだ。

こうした課題に直面すると、ほとんどの企業は説明責任という問題自体を避けるようになる。しかしこの課題に正面から立ち向かわない限り、事業担当の役員がＩＴの課題設定に積極的に関与するインセンティブが働くようにはならないだろう。実際のところ、ＩＴ委員会に出席した役員が準備不足であったり、頻繁に席を立って電話をしたり、常に欠席したり、といった事例は枚挙にいとまがない。また、たとえ役員が課題設定に関与することがあっても、それを貫徹しようとはしないのである。さらに、説明責任の所在が明確でないと、事業部門とＩＴ部門の文化の違いに折り合いをつけるのは困難となる。つまり事業部門のリーダーは、結果に説明責任を負う場合にのみ、より上級のマネジャーを責任あるポジションにつかせ、ＩＴ部門との緊密な連携を確保させようとするのだ。

こうした説明責任の問題に直面した場合、リーダーシップがどうしても必要となる。この点の重要性を把握した数少ない企業のうちの一社では、ＩＴが事業を成功させるための必須条件になってきたことを主要幹部が認識し、進んでＩＴを採用してビジネスのやり方を変更した。また別の企業では、本業へのサポート力を脅かすリスクを負いながらも、ＩＴ組織の解体を推進した。

こうした改革に際しては、どちらの会社のＣＥＯも、事業部門のリーダー全員に対し、優先順位の設定、ＩＴ投資の立案と監視、そしてその結果に自らが責任を負うという自覚を確実に植えつけた。その結果、この二つの企業はＩＴ投資を確実に成功させるための努力に、全社を挙げて取り組むようになったのである。

これらの事例を踏まえると、社内に説明責任を植えつけるためには、事業部による費用負担と報酬体系の変更という二つの要件が必要なことが明らかである。第一に、ＰＣ

や通信機器の購入、新たなアプリケーションの開発といった項目への支出を事業部門に負担させなければならない。たとえば、ある企業で従業員の携帯電話代を各事業部門に負担させたところ、電話料金がほぼ半分に減った。もちろん、そのような費用負担は議論の分かれるところで、とりわけ全社で共有しているインフラ（ネットワークやデータ・センターなど）や、複数部門にまたがるシステム（CRMやERPなど）の費用をどう配分するかという問題はある。

この問題に対する最良の対処方法は、単純さと公平さを保つということだが、特に最終的な目標、つまりマネジャー自身がIT予算を賢く使う方法を考えるような仕組みが肝要である。たとえば、三つの部門で使用されるプロジェクト管理用アプリケーションのコストを割り振る場合、最も単純な方法は各部門に均等に配分することだろう。すると部門の規模やアプリケーションの使用頻度によって、これを不公平と見る部門長が必ず一人は出てくるはずだ。しかし、自分たちで配分の比率を決定することにすれば、少なくとも三者全員による合意を経た結論を得ることができる。さらに重要なこととしては、費用の配分を実行することで、アプリケーションの機能やインターフェースの内容を自ら確定し、導入後の運用状況を監視せざるをえなくなる。

事業部門への費用配分方式が各部門におけるコスト意識を変えられそうにない場合は、

問題となっている費用は全社のＩＴ予算に集中させておくべきだ。インフラへの支出、ミドルウエアへの投資、ＩＴの一般間接費は通常このカテゴリーに入る。というのも、それぞれの事業部門のマネジャーでは、これらの支出に直接的な影響を行使できないからである。しかし一般的には、費用配分方式は効率的にＩＴ支出を行うための実に効果的な方法であると言えよう。

ＩＴの事業への貢献を高めるには、説明責任を植えつけるための第二の方策を講じる必要がある。事業部門のマネジャーの評価方法と報酬体系を、自部門が出資しているＩＴプロジェクトの成果を反映させるように変更するのである。たとえば、新たなＳＣＭシステムがコスト削減目標を達成できるかどうかが、ＣＩＯと調達部門トップの年末の評価（そして賞与）の一要素となるわけだ。同様に、ＣＲＭシステムが営業部隊の生産性向上に与える影響が、営業部門トップの評価基準として考慮されるといった具合である。

❷事業部門によるＩＴ課題の設定

事業部門のリーダーがＩＴ投資の成果について説明責任を果たす段階までくると、ＩＴの意思決定にもいっそう深く関わってくるようになるだろう。しかし、官僚的な手詰まり状態を避けて効果的な意思決定を行うためには、ＩＴ部門、そしてすべての事業部門のリーダー間で実践される意思決定プロセスについてあらかじめ合意しておかなければならない。

会社によって詳細は異なるだろうが、基本的なプロセスは実に単純である。まず、各事業部門はＩＴ支出の優先順位を確定し、一定金額（たとえば一〇万ドル）以上のプロジェクトについてはすべて事業計画を作成することとする。その際、コストと利益については具体的な数字の算出が必要となる。というのも利益予想額は、プロジェクトを率いる事業部門とＩＴ部門のマネジャーにとっての評価基準となるからである。優先順位を決定する最初の会議は、役員にとっては「目からウロコが落ちる」思いとなるかもしれない。現在のＩＴプロジェクトの実に三〇％近くが無駄であることに気づくことが多いからだ。

次に、事業部門担当の役員とＣＩＯが出席する委員会において、全社的な観点から推進すべきＩＴプロジェクトを決定する。その場合どのプロジェクトも、事業部門担当の上級役員による責任意思の表明がない限り予算をつけるべきではなく、事業部門には委員会で否決されたプロジェクトを単独で進めることが許されてはならない。(注2)

この単純明快な仕組みは、事業戦略に即したＩＴ支出を行うことを可能にし、成果を出すだろう。ある有名なグローバル投資銀行の事例を見てみよう。この銀行の各事業部門は、四半期ごとにＩＴ支出の優先順位を決定している。新規ＩＴ投資案件については、ＩＴ部門からの助言を踏まえたうえで簡潔な事業計画を作成する。そこには事業目的、初期費用、運営費用、その他必要なリソースおよび期待利益を記述する。事業部門長とＣＩＯは共同でこれらの案件を検討し、短期間（数カ月ではなく数日）でどの案件を推進するかを決定する。彼らはまたＣＦＯからの予算目標を考慮したうえで、コスト削減の必要があればその場で事業計画の修正を検討する。

この銀行での意思決定プロセスには二つの際立った特徴がある。一つは、事業部門とＩＴ部門の役員の双方が、意思決定に積極的な関与をしているという点だ。そしてその理由でもあるが、二つ目の特徴は、両者ともにＩＴ投資から結果を出すことに責任を負っているという点である。このプロセスが導入されて以来、同行は事業に大きな影響を与えると見込まれる限られた分野にＩＴ投資を集中し、一見素晴らしいが本当は必要性の乏しいＩＴ投資を行わずに済むようになった。保守費用についても、テクノロジー・スタンダードを厳密に順守することでうまく管理できるようになった（章末の囲み記事「スタンダードの重要性」参照）。

結果として、現在では新たなアプリケーション開発とレガシー・システムの保守との間でうまくバランスが取られている。この取り組みに基づいて採用された革新的な顧客向けシステムとバック・オフィス用システムのおかげで、同行は銀行業におけるテクノロジー・リーダーとして広く認知されるようになったのである。

ＩＴ投資に関する優先順位設定においては、事業部門のリーダーに陣頭指揮を取らせることで、投資が戦略的なインパクトを持つようになり、予算の厳守と（逆説的ではあるが）その修正を容易にするのである。

たとえばある資産運用会社は、厳格な意思決定プロセスによってＩＴプロジェクトの優先順位を決定し、年間一億三五〇〇万ドルの予算を割り当てた。年度が始まって数カ月後、収益が当初の予想を下回ることが確実となったため、ＩＴプロジェクトへの予算を五〇〇〇万ドル削減しなければならなくなり、翌年度に回す投資案件を選ぶことになった。大きな争いが起こっても不思議ではないところだが、会社としての明確な優先順位を設定しておいたおかげで、これらの意思決定は比較的円滑に行われた。

❸ＩＴ部門の組織全体への調和

事業部門とＩＴ部門との連携を確立するための最後のステップは、ＩＴ部門を他の組織に組み込み、調和を促すことである。ＩＴプロジェクトを期間内に、かつ予算の範囲内で完了させるだけではなく、ＩＴに本当の意味での成果を期待するならば、ＩＴ機能の組織構造とレポート・ラインを変更する必要がある。

今日、ＩＴ組織の多くはＩＴに閉じており、業務報告の対象者はＣＩＯに限定されている。事業部門のマネジャーには利用しているアプリケーションの開発者を評価する権限がなく、また開発者も自らがサービスを提供している事業部門に対して正式な報告義務を負わない。その結果、開発者は事業上のニーズを十分には理解しないまま、ソリューションを設計・開発するのである。ある事業会社のアプリケーション開発者は、自分の働く会社がどうやって儲けているのかを知らないと認めたうえで、それを知る理由すら見出せないと答えている。このようなことは決して珍しくない。

この閉鎖的状況を打破する最初のステップとしては、アプリケーション開発機能のレポート・ラインを再定義することが必要だ。アプリケーション開発担当の上級マネジャーに、事業部門長とＣＩＯの双方に報告することを義務づけるのである。ビジネス・アプリケーションは、事業部門とＩＴ部門が最も効果的に協力できる分野で、社内の連絡、およびビジネス・パートナーや顧客とのやりとりを自動化するツールであるとともに、顧客への価値を生み出すためのプラットフォームだ。こうした分野では、アプリケーション開発担当のマネジャーは従来どおりＣＩＯとの直接のレポート・ラインを維持しつつ、担当する事業部門のリーダーに対してもレポート・ラインを持つようにすべきだ。こうするとIT開発者は担当部門の事業を理解する明確なインセンティブを持ち、担当部門と協力しながら、テクノロジーを用いて事業の効率性と実効性を高める方法を模索することになる。IT部門内では、アーキテクチャやインフラを担当する共有サービス部分は引き続き集中的に管理することで規模の経済を活用し、テクノロジー・スタンダードを執行するという体制にすべきであろう。

この新しい説明責任と業務報告の体制を導入すると、まず間違いなくIT組織は動揺し、IT部門のマネジャーがITに対する意識の異なる二人の上司に仕えねばならないことに対して神経質になる。そこで、事業部門長とCIOのインセンティブを調整することによって、この意識の違いに起因する利益相反を最小化し、両者がITへの支出によって事業上の成果を生み出すことに集中できるよう仕向けることが必要となる。成果を測るための明確な基準を定めておくこともまた重要だ。

こういった方式を採用した企業では、アプリケーション開発者が自社の事業を深く理解し、事業によく適合した、ユーザー本位のアプリケーションをつくり出すことが可能となる。ITによって実現できることは何か、そして（これと同じくらい重要であるが）実現できないことは何か、について以前よりも意識するようになった事業部門の人々は、システム要件の設定に積極的に関与することになる。ある大手の金融機関では、事業部門のリーダーとＩＴ部門のマネジャーが、どのようにしてＩＴが事業価値を高められるのか、そしてそれを実現するにはどのようなリソースを用いるべきかについて議論するという光景が見られるようになった。つい数年前まで、ＩＴ部門が事業部門の単純な要求に対応するだけのサポート機能と見なされていたのとは、実に対照的である。

過去、ＩＴ投資に失望し続けてきた企業に対するメッセージは明快である。上級役員が勇気をふるって、本当の意味での説明責任を求めることで事業部門とＩＴ部門を調和させ、両サイドの間に連携を生み出す手助けをしなければならない。これに成功した企業は、ＩＴが単なる必要経費ではなく、重要な戦略ツールとなりうることに気づくことになろう。

スタンダードの重要性

ＩＴへの支出がムダとなり、失望すべき結果に終わるのは、アプリケーションとインフラに関する標準的な構成や設定を定めた「スタンダード」の欠如に起因することが多い。これは特に新しい洞察というわけではないが、いまだに多くの企業が対策を講じていないポイントでもある。我々の調査によると、一五〇〇名の従業員を抱えるある企業では、ＰＣの設定が一一〇〇とおりも存在していた。まさに、メンテナンスの悪夢である。また、スタンダードの導入と調達先の整理を行うことで、デスクトップ・システムとサーバにかかる経費を最大四〇％も節約する余地があることを見出した会社もあった。

最も優秀な企業は日常業務には標準的なアプリケーション・パッケージを使い、独自開発部分を最小化している。また、部門間のシステム統合を容易にするため、インフラはできる限り均一化された状態に維持されている。このように、優秀な企業はシステムの保守費用を削減することで、事業価値創造の牽引役としての新たなアプリケーションの開発に資金を使っているのだ。スタンダードを導入しない企業は、アプリケーション開発にＩＴ要員の四分の一すら割くことはできない。一方、厳格なスタンダードを採用している企業の場合は、少なくとも半数を新規開発に振り向けることができる。その結果、新たなアプリケーションが増え、最終的な利益も改善することとなる。

新たなスタンダードの作成にあたっては、それを正当化する環境条件をあらかじめ明文化しておくべきである。そして、例外事項、スタンダードの順守違反、新スタンダードへの移行などについての明確な方針と手続きを確立しておかなければならない。スタンダードの順守に違反した場合の罰則を定め、違反時には確実に執行しなければならない。たとえば事業部門が、あるテクノロジーのスタンダードに違反した場合に発生する全コスト（すべての間接費、追加メンテナンス、サポート経費）を負担する一方で、違反しなかったテクノロジーについては、開発コストだけが課されるといった具合である。最終的に、スタンダードが実効性を持つには上級経営幹部の関与を必要とするが、柔軟かつ単純化されたシステムによる成果は非常に大きいため、その努力を惜しんではならない。

【注】

（1）Jed Dempsey, Robert E. Dvorak, Endre Holen, David Mark, and William F. Meehan III, "Escaping the IT abyss," *The McKinsey Quarterly*, 1997 No.4, pp. 80-91を参照。

（2）この正式なプロセスを踏まず、事業部門ごとの裁量で投資額を決定できる企業もある。

Chapter 7

Reaping the benefits of business-process outsourcing

ビジネス・プロセス・アウトソーシング（BPO）から利益を得るには

マイケル・ブロック

シュテファン・シュパン

金平直人・監訳

【著者紹介】

Michael Blochはマッキンゼー・アンド・カンパニーのビジネス・テクノロジー・グループのプリンシパル。ジュネーブが拠点。
Stefan Spangは同ディレクター。ロンドンが拠点。

本稿の初出は、***McKinsey on IT,*** 2003 Fall

多くの大企業はアウトソーシングを利用している。その内容は給与支払いやITシステムの運用管理といった支援業務であることが多いが、マーケティングや製造をアウトソースする場合もある。ここ数年、企業が以前よりも幅広い業務プロセスをアウトソースするにつれて、ビジネス・プロセス・アウトソーシング（BPO）は飛躍的に進展した。特に人事関連、財務会計、調達、SCM、顧客対応といったテクノロジーへの依存度が高い分野にその傾向が強い。

しかし、BPOはリスクが高い。二〇〇二年にマッキンゼーが三五件のBPOのケースを調査したところ、当初期待した成果の一部、もしくはすべてが達成できなかった契約が全体の三分の二にも上ることがわかった。

同様に、ITのアウトソーシング契約に関するいくつかの調査研究や、最近のBPO事例の研究によれば、契約の三〇％は途中解約されたほか、二五％については締結後二年以内に条件の見直し交渉が行われ、委託範囲、サービスの質に関する要件、価格といった契約の根幹部分が変更されている。

BPOの成功率はもっと高くてよいはずである。我々は、契約に先立つ事前検討を通じて案件を体系的に評価することで、アウトソーシングの可否、また契約内容についても、格段に成功の可能性を高める意思決定ができるものと考えている。体系的評価とは、当初は明確となっていない場合が多い受託業者による提供価値を深く理解したうえで、社内でも可能な改善に比べてさらなる改善がどの程度可能かどうか、厳格に比較検討するということだ。

これは当たり前のことに思われるかもしれない。しかしあまりにも多くの企業がこうした評価を怠り、また行ったとしても不正確で、誤った情報に基づいてアウトソーシングに関する意思決定を行っている。これが、BPOが期待はずれの結果をもたらす場合に最も多く見られる原因である。我々の研究によると、こうした評価を厳格に行う企業は、時にアウトソーシングしないことを意思決定し、アウトソーシングする場合には優れた内容の契約を組み上げている。一方、評価に厳格さを欠く企業はほぼすべて、不満足な結果を招いてしまっている。

もちろん、失敗の原因は案件の分析不足や契約内容の詰めの甘さばかりではない。契約後の業務の移行や、受託業者の管理でつまずく例もある。しかし、本章ではこうした実行局面ではなく、案件の事前検討に焦点を当てる。なぜなら、ここで間違いを犯すことは、最初から失敗を決定づけてしまうからだ。

事前検討を怠らない

正確に成果を予測することは、アウトソーシングが成功するための基本である。それによってコスト削減がいくらできるか、あるいはアウトソーシングしないことを選択した場合には自社によってパフォーマンス改善がどの程度可能か、について正しい見積もりができていないと、アウトソーシング案件はすでに失敗への道を踏み出したことになる。契約が締結され、受託業者が業務を引き継ぐと、発注企業はアウトソーシングの費用と効果についてさらに正確に把握することができるようになるが、ここでアウトソーシングが生み出す価値のほとんどを受託業者が吸収していることに発注企業が気づくケースが頻繁にある。こうしたことが起こるとお互いの信頼は崩壊し、経営者はこの契約を破棄するか、条件交渉の仕切り直しを求めることが多い。

次のような例が典型的だ。受託業者が会計業務のアウトソーシングによる二〇％のコスト削減を提案してきた。発注企業の経営者は、受託業者がこの業務を現在より三〇％低いコストで行い、一二・五％のマージンを乗せるのだろうと見当をつけていた。ところが実際には、受託業者は業務プロセスを統合し、人件費の安いインドへ移管し、さらにその一部を自動化することで三〇%ではなく四〇%のコストを削減し、二五%のマージンを懐に入れていた。削減余地を十分に分析しておけば、発注企業はまったく違った条件交渉ができたはずだ。たとえば、削減率が三〇%を超えた場合には追加削減分を受託業者との間で折半するといった具合である。

契約前に案件の内容を精査すれば、発注企業も受託業者も同様に利益を享受することができる。とはいえ、評価には時間と経営者の関与を要し、利益分析は長ければ半年程度もかかる。貴重な人手を消費することを嫌い、手っ取り早い評価で済ませてしまう企業も多い。我々の調査対象のなかには、受託業者の提示した数字をそのまま受け入れた企業も少なからずあった。しかし、徹底的な事前分析は、そのコストを補って余りある価値創出の可能性を明らかにし、優れた意思決定を助けることができる。たとえば、以下のような点が明らかになる場合が多い。

●自社で行うという選択肢もある

分析した結果、アウトソーシングしないほうがよいとわかる場合がある。代わりに自ら業務を統廃合し、あるいはインドなどコストの安い場所に自社施設を建てて検討対象となっている業務を集約することで、大幅な改善可能性を追求する決断をすることは十分にありうる。

●あらゆる改善可能性を把握する

事前に厳密な調査を行うと、多くの場合、発注企業も、そして受託業者も、業務改善による価値創出の可能性が当初想定したより多く眠っていることを知り、価値を最大限享受することが可能になる。どこに利益が生まれうるのかを見通し、それが実現した場合の扱いを契約に盛り込んでおくことによって、全委託期間を通じて両社が満足できる条件設定が可能になる。

●将来の変化を織り込む

将来の戦略変更の可能性を織り込んでおくことで、変化が生じた時に大きな費用を支払わなくても済む。たとえば、二〇〇一年、イギリスの銀行業界で一〇年以上にわたって急速な統合が進んでいたなか、ある銀行は合併や買収に際しての特別離脱条項の取り決めを行わずに、規模一〇億ドル、期間一〇年のＩＴのアウトソーシング契約を締結した。二年後に同行は買収され、買収側企業はすべてのＩＴ業務を社内で管理することを望んだが、そのために同行は受託業者に対して、一〇年間分の取引から得たはずの利益を全額支払わなければならなかった。その金額は五〇〇〇万ドルから八〇〇〇万ドルにも上ったうえ、同行はＩＴマネジメント・チームをゼロから立ち上げるための資金も用意しなければならなかった。

本当の提供価値を知る

アウトソーシング案件の事前調査の手始めに行うべきは、相手の受託業者が提供できる価値を知ることである。一般に、発注企業は受託業者に次のようなことを期待する。すなわち、規模の経済や専門技能の活用、低コストのロケーションと労働力の確保、業務運営費用の低減、そして、いずれは現行業務のやり方を革新し、改善手法を体系化していく能力。これらは受託業者の中核業務であるが、さらには次のようなことも期待される。従業員に対するよりよい就業機会の提供、複数顧客間での労働需要の平準化、ベスト・プラクティスの水準に到達するために必要な業務プロセス再設計の費用負担。

これらの期待はすべて正しいのだが、実は社内努力によっても実現できるものが多い。

規模の経済は、業務の統合を通じて築くことが可能だ。安い労働コストやインフラといったオフショアのメリットは、自社専属のシェアード・サービス・センター（SSC：財務、管理、顧客サポートといった支援業務を集約した社内組織）をコストの安い場所に設置するか、同種の合弁企業を設立することで享受できる。外部の支援を得れば業務プロセス改善の専門家も確保できる。さらに、大企業の場合には銀行との取引条件が有利なため、業務の再設計やテクノロジー更新のための資金調達は受託業者より安くできる可能性も高い。

いくつかの成功事例は、アウトソーシングは組み立て方次第で、これらとはまったく別の価値を生み出せることを示している。すなわち、限りある幹部人材の有効活用、コスト削減効果の早期実現、そして、契約で成果を保証させることによる事業リスクの低減である。以下、これらについて順に検証することにしよう。

❶幹部人材の有効活用

上級幹部は日常業務を担当するのではなく、競合差別化に重要な分野に集中してもらいたいと考える企業にとっては、アウトソーシングは一つの答えとなる。これは、改善しなければならない分野が多くあるにもかかわらず、改善努力を引き出すことができる幹部人材が限られている企業にとってはとりわけ価値が高い。そのような場合、一部を受託業者が担当しながらすべての課題に同時に着手し、取り組み全体を加速することができる。たとえば、ある大企業は品質保証サービス、大口顧客との取引形態、直接調達プロセス、バック・オフィス機能に課題を抱えていた。これらをすべて自社で解決しようとすると経営陣に過度な負荷がかかると思われたため、同社は中核事業から最も遠い分野（この場合はバック・オフィス機能）をアウトソースし、他の三つの分野を社内の努力で刷新することにした。

❷コスト削減効果の早期実現

受託業者は発注企業が単独で取り組むよりも早く、規模の経済を達成し、コスト削減を実現できる。多くの顧客から業務の移行を受け、集約された完成度の高いサービスで顧客を支援することが、詰まるところ彼らのビジネスそのものなのである。受託業者は、専門領域でベスト・プラクティス水準の業務を提供する訓練を受けた人材を多数抱えている。同じ業界、同じ地域の三つの企業の財務と会計に特化したＳＳＣを運営していれば、容易に四社目を手がけることができる。そうした業者は、買掛金や売掛金、総勘定元帳の処理プロセスばかりでなく、業界特有の要件を満たすようカスタマイズされたＩ

Tプラットフォームをすでに確立している。単独の企業が財務と会計の機能を独自に刷新するにはシステムをすべて再構築する必要があるかもしれないが、優れた受託業者は一からやり直す必要はない。顧客が実現に一八カ月かかることを、六カ月から九カ月で成し遂げられるのである。

❸パフォーマンス保証契約によるリスクの低減

この点の重要性は、いくら強調しても強調しすぎることはない。経営幹部なら皆知っているとおり、期待した成果を上げられずに終わってしまう社内プロジェクトは多い。プロジェクト・チームが失敗するのにはさまざまな理由がある。たとえばプロジェクトの計画が不適切だった、チームが組織の壁にぶち当たった、必要な人材が集められなかった、プロジェクト管理が正しくなされなかった、支援してくれた役員が去った、などなど。一方、プロジェクトや業務をアウトソースする場合は、契約でアウトソースによって得られる利益を明示し、達成状況を追跡することができる。パフォーマンス保証を盛り込むこともできる。

たとえばある契約では、受託業者は請求管理のプロセスの円滑化を図り、請求書一通あたりの経費を三年間で一二ドルから七ドルまで下げることを書面で保証した。この契約では、もし請求書一通あたりの経費が六ドル以下になった場合（発注企業の目指す水準はここであった）、追加分の利益を両社で折半すると定めている。このような契約によって、受託業者は業務に細心の注意を払うようになる。達成目標を細分化して一連の評価指標を決め、定期的に従業員一人一人による指標の達成具合を測定することを求めることもできる。

代替案を追求する

経営幹部は、検討中のアウトソーシングが右の三点についてどれほど価値を提供できるのか、受託業者および社内の検討担当者に厳しい質問を投げかけるとよい。案件の内容について、単に規模の経済による利益を勘定することより（これはこれで重要ではあるのだが）、はるかに的確かつ豊富な理解が得られるだろう。しかし、これは事前検討の最初のステップにすぎない。併せて代替案、具体的には「自社で実現可能な改善」も評価すべきである。たいていの場合、アウトソーシングで得られる価値は対象業務にかかる現状のコストと比較して評価され、自社の努力によっても可能かもしれない改善を織り込んだコストと比較されることは少ないが、これは重大な誤りである。

同次元のもの同士を比較しなければ意味がない。アウトソーシングは、発注会社が独力でできるはずの改善を上回るパフォーマンスを提供できて初めて価値を持つ。経営陣は、業務を社内に残して抜本的に見直した場合の財務上、および戦略上の利点も念入りに検討すべきである。想定内容はたとえば、業務プロセス改善の外部専門家を用いる、パフォーマンス管理の文化を導入する、あるいは低コストの場所に自社のSSCをつくるなどだ。

そのためにはまず、検討課題となっている業務を細分化し、一つ一つのパフォーマンスを内外の適切なベスト・プラクティスと比較して、改善を必要とする部分と目指すべき改善幅を把握する。そのうえで次のような問いを検討し、パフォーマンスの改善のために業務、制度、組織、あるいは文化も含めどのような変革が必要か、見極めなければならない。

- 業務を完全に再設計する必要があるか。
- 主要サプライヤーおよび顧客と連携する業務も自動化すべきか。
- 組織を整理・統合すれば十分か。

- 業務をコストの安い地域に移すべきか。
- 人材の再教育、報酬体系の変更（成果連動を強めるなど）を行うべきか。それとも、企業文化までパフォーマンス志向に切り替える必要があるか。
- 規模の経済を得るために、業務を同業他社と共有すべきか。

次に、自社独自でそれをなし遂げる能力があるか、自問してみなければならない。すなわち、変革を推進する知識、スキル、人材、資本は十分か。インセンティブは整っているか。社内で幅広く支持が得られるか。

これらの問いに答える評価のステップには、いくつか落とし穴がある。まず、経営者は評価者の人選に注意しなければならない。たとえばアウトソーシング案を提示したプロジェクト・スポンサーは、偏った見方をしてしまいがちだ。CFOなど中立的な立場の人であれば、自社の変革への準備状況とアウトソーシング計画の内容について、より公平な判断ができると思われる。また、こうした分析は、分析される業務を担当する管理職にとってはしばしば痛みを伴う作業となり、彼ら自身では必要な変革を見極められる可能性は低い（章末の囲み「アウトソーシングの落とし穴」参照）。加えて、ともかくキャッシュが欲しいため、こうした分析をする時間も情熱もない企業もある。そのような場合、アウトソーシングの可否の決断は当てずっぽうにならざるをえない。

どちらがベターか

社内で可能な改善について調査結果がまとまったら、それと比べて受託業者が以下のような価値を提供しうるか、比較検討してみる。

- ●コストをより安くできるのか。
- ●より早く、利益を確保できるか。
- ●サービスの質をさらに向上させることはできるか。
- ●既存のＩＴプラットフォームを活用して、新規投資を抑えることができるか。
- ●改善目標を契約で確約することができるか。
- ●たゆまぬ業務改善を続けて、パフォーマンスと品質を向上させ続けることができるか。

比較のための一つの方法は、社内の事前分析の結果を、委託先候補の何社かに提示し、自社が社内でできることをどうやって超えられるかを尋ねてみることである。こうした検討を経て、次のような確信が持てるだろうか。自社が独力で業務を改善する場合よりも、受託業者のほうが明白に大きな費用削減を実現できる。または、受託業者のほうが改善活動や変革の推進に長けており、しかも目標の達成を約束する用意があることから、費用削減を達成できる可能性が自社単独よりも高い。答えがイエスなら、アウトソースの決断を下すべきだ。

かつてこうした社内評価を行った企業の一つに、世界中の一〇〇カ所以上に財務会計の業務を分散させ、三〇以上のＩＴシステムを別々に運営していた大規模なグローバル企業がある。社内の財務・会計業務の内容を細分化しながら、経営陣は自社の現在の内部コストと、だれもが認めるベスト・プラクティスのコストとの間には六〇％以上の差があることを見出した。さらに、事業部間、地域間で、財務数値を把握、管理する方法が大きく異なっていたため、期間内に決算を終えられないこともあった。

分析の結果、多数にわたる仕入先勘定部を地域ごとのＳＳＣにいったん整理統合し、それを専門的で高度に自動化された三つのユニットに分けるのが望ましいことがわかった。また、さらに費用削減効果を高めるために、そのいくつかはコストの安い地域に配置すべきとの結果が出た。

そこで受託業者が自社独自で実行する場合よりも高い成果を上げることができるか評価を行ったところ、自社に二つの大きな欠点があることが明らかとなった。まず、業務統合を行うと国によっては解雇した従業員にそれ以前の給与を最長一年分支払わねばならず、多額に上るＩＴ投資と併せて必要な資金を用意できないことが明らかとなった。第二に、同社にはこの大規模な取り組みを推進する幹部人材が明らかに不足していた。一方、受託業者は、新しいシステムを開発するＩＴの専門家、各国の業務移管を扱える財務マネジャーなど高水準の人材を擁し、業務移管と目標設定における豊富な経験をもとに専門ユニットに各自の責任を確実に果たさせることができるばかりか、そうした企業内変革の取り組みを行うだけの資金力もあった。そして、その変革はたった三年で行えるというのであった。

アウトソーシングにも、もちろんコストはかかる。そしてこの部分が検討の最終局面となる。アウトソーシングが持つ本当に価値あるレバーを理解し、受託業者が自社独力でできる改善より優れた成果をもたらすことを見極めたうえで、経営陣は案件にかかる費用がその価値に見合ったものか、判断しなければならない。このグローバル企業の場合、整理統合によって一〇年間で生み出される価値六億ドルの三分の一にあたる、二億ドルもの費用を受託業者に支払わなければならない見込みであった。しかし、自社で実行する場合の成果の不確実性から、上級幹部には自社改革の初期投資すら承認する意向はなく、結果としてアウトソーシングのほうが選択されたのだった。

この種の分析は、経営陣に自社のオペレーションとアウトソーシングの真の価値を深く理解する機会を与えてくれる。そしてそれは、受託業者との契約条件を組み立てるうえで、非常に大きな価値を持つ。委託企業と受託業者は、アウトソーシングの期待成果を明確に合意し、会社の利益に直接大きなインパクトをもたらす、実現性の高い契約を締結することができるようになるのである。

アウトソーシングの落とし穴

BPOの事前検討にあたっては、受託業者が業務に必要なITシステムおよび周辺サポートを提供できるかどうかの調査も視野に入れなければならない。たとえば、業者が業務を支えるアプリケーションを維持・更新し続ける能力があるか、ITアーキテクチャに関するさまざまな問題（業者と自社のシステムとの互換性など）に対処できるか、さらに業者が業務の移管を円滑に、予算内で、そして期限までに確実に成し遂げるための、よく練られたアプローチが確立されているかといった検討になろう。

しかし我々の経験によれば、多くの企業は大変重要なある一点において、ＩＴに関する事前調査を怠っている。既存システムを流れるデータは複雑な社内ルールによって統制されているが、その社内ルールが検討中のアウトソーシングにどのような影響を与えるかについて徹底的に調査しないのである。

たとえば人事システムで利用されている従業員の業務コードのような、ＩＴシステムに組込まれているルールがあるおかげで、ＩＴシステムやその上で流れる業務プロセスが会社にとって円滑に働くのであり、なかには受託業者のソフトウエアの能力をさらに引き出しうるような、特異な社内ルールを持つ会社もある。自社の既存の社内ルールが業者のソフトウエアにうまく適合するのか、もしくはルールを維持するためには業務プロセスを修正する必要があるのかを事前に理解することはきわめて重要である。この点を誤ると、あとになってからアウトソースした業務とその周辺業務を設計し直してスタッフを再教育しなければならず、アウトソーシングによって得た利益を早晩使い果たしてしまうことになりかねない。

高度にカスタマイズされたシステムには特別注意を払わなければならない。たとえば、ある高炉メーカーは人事関連業務のアウトソーシングを検討したが、この業務に関するデータ・フローと社内ルールを注意深く分析したところ、同社のビジネスに打撃を与えるかもしれないシステム上の問題点が明らかとなり、アウトソーシングを断念することを決定した。同社ではデータ・フローと人事上の社内ルールがきわめて複雑に絡み合っていた。数百もの職階と業務コードが、時間給労働者の給与と手当てを計算するために利用されていた。職階によって従業員の時間給も、必要な資格も能力も異なっていた。しかもその区分の基準には各従業員が有害物質にさらされた時間の情報も含まれ、これが退社までの年限と退職金額を計算するために使われていた。さらにこの人事システムは、シフト制による工場労働者の業務スケジューリング・システムおよび鉄鋼にかかる生産原価を計算するための労賃計算モジュールと密接に連携しており、しかも、新たな労働協約に対応するため数年ごとに更新する必要があった。

三〇以上のレガシー・システムがこの業務を支えていた。こうした複雑な、基幹業務とも統合された人事システムの運用をまとめて受託業者に移管するのは、技術的に危険性が高かった。いっそう困難さを増した要因は、社内ルールを受託業者のシステムに合わせて変更するには同社に長年勤務しシステムの設計に携わってきた多くのITや人事の専門家の協力が不可欠だったにもかかわらず、アウトソース対象がまさにそうした人々の仕事だったという点である。同社はやむなく、比較的簡単な社内ルールで管理可能なごく一部の人事業務をアウトソーシングすることを検討したが、見込まれた効果は微々たるものだった。

結局、暫定措置として、同社は八〇〇万ドルを投じて新たな人事システムを自力で導入している最中である。ゆくゆくはこのシステムに標準的な業務システムとの互換性を持たせ、人事業務と基幹業務との間の連携の仕組みを再設計し、少人数でも新たなシステムを運用できるよう従業員を再教育する予定である。

複雑な社内ルールがBPOの実施によってどのような影響を受けるかに注意を払うことは、非常に重要だ。この複雑性が、現状のITのコストを押し上げる一因となっているのも事実である。しかし、これを外部に引き渡すことの影響をよく理解しないままアウトソーシングすると、はるかに高いコストをもたらすことになる。

Chapter 8

Offshoring goes on the offensive

攻勢に出るオフショア・ビジネス——コスト削減はほんの入り口にすぎない

ジョン・ヘーゲルⅢ世

琴坂将広・監訳

筆者の謝辞：本稿の骨子を組み立てるにあたり、筆者は多くの人々の時間と努力に大変世話になったが、特に、オフショアにおける事業構築のアドバイスと投資に特化しているプライベート・エクイティ・ファーム、クリムゾン・ベンチャーズのスタッフには一方ならぬ助力を受けたことをここに特記しておきたい。とりわけクリムゾン・ベンチャーズのマネージング・パートナーであるJohn-Paul Hoは、さまざまな視点や豊富な資料を提供してくれるなど、時間を惜しまずに協力してくれた。また彼の同僚である、Fred Ayala、Cliff Chen、Rong Rong Liu、 Ian Morton、そしてDrew Peckもまた大変親切にそれぞれの体験を語ってくれた。そのほかリィ・アンド・ファングのVictor Fung（会長）、William Fung（社長）、イーテレケア社長のDerek Holley、ティモゲン・システムズのCEO、 Rick Zipf、そして John Seely Brown、 Sandy Ro、Ajay Gandhiの各氏にも感謝の意を捧げたい。

【著者紹介】

John Hagel Ⅲは元マッキンゼー・アンド・カンパニーのパートナーであり、独立したコンサルタント。
www.johnhagel.com

本稿の初出は、*The McKinsey Quarterly,* 2004 No.2

ラスベガスで開催された「国際コンシューマー・エレクトロニクス・ショー（CES）二〇〇三」は、デル、ゲートウェイ、ヒューレット・パッカードなどのコンピュータ・メーカーが、これまでフィリップスやサムスン、ソニーなどの家電大手の牙城であったコンシューマー・エレクトロニクス市場への参入を目指して発売した、プラズマテレビやデジタル・ミュージック・プレーヤーの話題でもちきりだった。しかし、これらコンピュータ・メーカーの家電市場参入を可能にした背景には、さらに大きなビジネスの流れが存在している。

その流れとは、デルをはじめとするコンピュータ・メーカーやその他多くの金融サービス企業が、オフショアリングを単なるコスト削減などの取り組みとしてだけではなく、それを超えた業務のコア部分のアウトソースや、周辺市場への参入戦略に利用し始めているという新たな動きである。

これらの企業は、アジアの発展途上国の企業が持つ非常に優れた人材と高い生産性を自社の業務能力の向上に役立てるだけではなく、自社のビジネスのコア部分（コンポーネント設計など）をアウトソースし、また彼らの周辺市場参入戦略を加速させるために利用しようとしている。（注1）

たとえば、アメリカのコンピュータ・メーカーは、台湾に主な拠点を置くODM（訳

注：相手先ブランドでの設計・製造業者。相手先ブランドでの製造・供給にとどまるOEMを一歩進めた形態）メーカーの設計、製造能力を活用することで家電市場への迅速な参入を実現している。

また別の例を挙げれば、アメリカの金融サービスのあるトップ企業は、フィリピンに拠点を置くイーテレケアへのコールセンター業務委託を、徐々に非常に高度で洗練されたスキルが要求される業務にまで拡大している。その結果として、これらの取り組みを進めた企業は非常に優れたパフォーマンスを低いコストで実現することに成功しているのである。

比較的単純な業務だけをオフショアすることが最適な場合もあるが、さらに一歩推し進めて中核となる業務プロセスまでアウトソーシングすることで、さらに大きな収益拡大が可能となるケースも多い。業務のアウトソーシングを請け負うオフショア・プロバイダーは、ビジネスのコア業務プロセスに関わることができる、時には大変優れた業務能力や人材を、先進国で委託した場合に比べてかなりの低コストで提供してくれるからである。

低コストで、優れたパフォーマンス

多くのアメリカやヨーロッパの経営者にとって海外に業務を移すこと（オフショア）は、単に労働集約的な業務を賃金の低い地域に移管し、コストを抑えることを意味する。コストを低く抑えられることがオフショアリングのプラス面であることは事実である。しかしアジア諸国のなかには、低コストであることに加え、さらに発注元が自社で行うよりも優れたパフォーマンスを提供できる企業が存在する。

たとえばフィリピンのイーテレケアは、アメリカのトップクラスのコンピュータ会社や一流の金融サービス会社など、世界最高水準の顧客サービスで知られる数多くの優良企業から業務を受託している。同社は、クライアント企業の自前のコールセンターや、彼らが以前に契約していたアウトソース先企業に比べ、顧客からの電話処理時間を平均して二五％短縮し、なおかつ顧客満足度を向上させている。

あるクライアント企業からテレマーケティング・キャンペーンを営業受託した際には、そのクライアント企業が自社で行った場合の営業成績をわずか一週間で上回った。そして四週間目には、営業効率を示す一時間あたりの売上げとレスポンス率においても、ともに三倍の水準を達成していたのである。

同様に、あるトップクラスのアメリカのエレクトロニクスのOEM企業から、同社の顧客に対するテクニカルサポート業務を請け負った際には、それまでアメリカとインドで運営されていた発注の自社コールセンターに比べて、案件処理一件あたりのコストをそれぞれ四〇％、一六％削減することに成功している。これはアメリカの競合するアウトソーシング企業の価格を三〇％下回る水準(注2)であり、しかもこのコールセンターに対する顧客満足度はOEM企業の期待を上回っていた。ある調査によると、発注元企業の九九％の顧客が満足しているか、非常に満足していると答えていたのである。

アジアの企業は、製造拠点としてもその高いパフォーマンスが注目されている。アメリカのある大手エレクトロニクス企業は、生産拠点を北米から中国に移すことで生産性を三倍に向上させ(注3)、しかもラインの入れ替えにかかる時間の短縮や、製品の欠陥率の改善も達成していた。

新たなモデル

　こうした成果は、低い労働コストと優れたスキルを同時に提供することができるというオフショア企業の高い能力を示している。オフショア企業は人件費が安いため、欧米企業の賃金水準では割に合わないほど多くの時間をかけて部下にスキルを身につけさせ、業務プロセスの改善や従業員の教育を担当する多数のマネジャーを雇うことができるのである。

●高い費用対効果

　アジアと欧米の賃金格差の議論は、それほどスキルを要しない労働集約的な業務に集中しがちであるが、高いスキルを必要とする業務においてもこの格差は同様に存在しており、非常に大きな魅力となる場合がある。エレクトロニクス業界でのアメリカと中国の製品技術者の賃金格差は、約一〇対一、またソフトウエア開発業界の場合、アメリカとインドの賃金格差は約八対一となる。

高付加価値業務をオフショアリングすることの利点は、高卒と大卒の賃金格差の絶対額を比較しても実感することができる。アメリカでの賃金格差は一時間あたり五ドルから一五ドルになるが、フィリピンでは二ドルから四ドルである。二国間での教育水準の差は同一には語れないものの、この数字を見る限り、フィリピンではアメリカと比較した場合、大卒を雇う経済効率のほうが高卒を雇う経済効率よりも高いことになる。

これらの事実が示唆するものは重大である。企業はオフショアでアウトソーシングする業務を高いスキルを必要とする高付加価値業務に拡大したとしても、これまでと同様に低賃金の恩恵を受けることができるのである。

●競争力のあるスキル

賃金の違いがコスト削減の源となることは言うまでもないが、企業にとって本当に魅力的な利益は、コスト削減と優れた業務水準が同時に達成されて初めてもたらされる。アメリカの顧客に対して十分なサービスを提供できる英語力を持ったコールセンターの担当者を供給できるアジアの国がそれほど多くないことは事実であるが、それ以外の多くのスキルに関してはアメリカよりもむしろアジアのほうが豊富なスキルを提供できる。たとえば中国は、アメリカの大卒技術者の数が毎年九万人であるのに対して、毎年三五万人の大卒の技術者を輩出している。またインドでは、トップクラスのＩＴアウトソーシング会社の多くが、ソフトウエアの開発能力とその開発プロセスの洗練度を評価する五段階の評価モデル（ＣＭＭ）(注4)で最高の専門性を意味するレベル五で運営されているのに対し、アメリカのほとんどの社内ＩＴ部門は、レベル二または三で運営されている。

また、アジア企業ならではの特徴的なスキルが得られる場合も多い。たとえば中国や台湾の製造技術者は、アメリカの技術者よりも製造工程の改良に重点を置いて設計するが、アメリカの技術者は製品の仕様やパフォーマンスの向上を強調する傾向が強い。集積回路の設計では、中国と台湾の製造技術者はＳＯＣ手法(注5)を用いて、なるべく多くの機能を一つのチップに組み込み、それによってコストを削減しようとするが、アメリカの技術者たちは、次の最先端のチップをつくることに熱心なのである。

中国と台湾は、特定の技術分野においては世界レベルの設計技術すら保持している。世界最高の無線チップ設計者と無線ソフトウエア開発者が現在そこに拠点を構えているのは、中国が携帯電話の世界最大の市場に育ちつつあり、さらに中国人は新しいものを熱狂的に受け入れる傾向があるという事情も作用しているだろう。そしてまた、主要な電子部品の分野においても、ワッファー・テクノロジーという名の台湾企業がノートブック・パソコン用のマグネシウム合金鋳造品を製造するための高度な半溶融成形法（訳

注：マグネシウム合金（チップ）をプラスチックのように射出成形する技術）を開発している。その歩留まり率は九〇～九五％であり、業界平均の七〇～八〇％を大幅に上回る先進的な技術なのである。

●利点を最大限に利用できる経営手法

低賃金であり、かつスキルの高い技術者候補が豊富に供給されるため、アジアの企業は、欧米には一般的に見られない独特な経営手法を実践することが可能である。

●選別的な雇用による人材の獲得：第一に、トップクラスのオフショア企業には、その優れた労働条件を背景として多くの応募者が集まるため、企業は適任者を雇用するために多額の投資と非常に厳しい採用試験を行う。たとえばイーテレケアの場合、三〇名からなる採用チームを組成し、採用候補者を七段階の厳しい選抜プロセスでふるいにかける（同規模のアメリカのコールセンターの場合、採用チームはおそらく四名程度だろう。またアメリカでは、履歴書による審査と短時間の面接という二段階選抜が一般的である）。その結果、イーテレケアは応募者の二％にオファーを出すにすぎないのだが、その受諾率は九割に達する（アメリカのコールセンターの平均受諾率は五〇％）。

●多数のマネジャーによる現場改善と教育：アメリカ企業は高賃金のため、高収益企業ほど中間管理職層を極力排して少数精鋭の体制とし、彼らに経営的、管理的な業務を担わせるという傾向が自然と強くなる。対照的にアジアにおいては、従業員一人あたりの管理職の人数が比較的多く、マネジャーは従業員のスキルを向上させるために多くの時間を割くことができる。

たとえば、イーテレケアはカスタマー・サービス担当者と「チームリーダー」（現場管理職）との割合を、アメリカ企業の平均は二〇対一であるにもかかわらず、八対一に維持している。同社は正式な教育研修プログラムに多額の投資を行っているが、さらにチームリーダーとの徒弟的な関係や、コーチングプログラム、メンター制度が日常的に維持・実践され、プログラムの内容を補強している。一例を挙げると、複雑なミューチュアル・ファンドを取り扱う電話勧誘員は、ＮＡＳＤ（注6）シリーズ七のブローカー資格試験に合格するために一六週間の研修コースを受講する。従業員を小さなチームに分けてマネジャーとの接触度合いを大きくすることによって、マネジャーが随時個別指導に当たり、またそれぞれの従業員のパフォーマンスを詳細に（ベテランの場合でも少なくとも一週間に一時間、経験の浅い社員はもっと多くの時間をかけて）検討することで、研修をさらに補っている。その結果、アメリカでのＮＡＳＤの合格率は五九％であるのに対して、イーテレケアの社員のＮＡＳＤの平均合格率は八一％、特に直近では一〇〇％を維持しているのである。

従業員一人あたりの管理職の人数が多いことは、企業が業務上の問題点の発見とその改善にもより深く注力することを可能にしている。そしてそれは結果的に、業績の向上にもつながっているのである。先述のイーテレケアの例では、チームリーダーの時間の少なくとも一〇％は業務改善のために使われている。こうした同社の強みは、発注元企業のコールセンター業務を引き継ぐとすぐに明らかとなる。あるクライアントは、自社でのオペレーションによる平均処理時間が八分だった。しかし、イーテレケアは業務移管後六カ月以内に、電話処理のプロセスを洗練化することでこれを四分半にまで短縮することに成功した。たとえば、システム・パフォーマンスへの影響を最小限に抑えるために、情報の入出力の順序を改定し、またコンピュータ画面を変更して、大半の取引で参照するページ数を減らしたのである。

従業員一人あたりの管理職の人数が多いことの利点は、製造業における事例でも見ることができる。たとえば、ある中国の工場のライン・マネジャーは、部下と密に協力して、表面実装技術用装置の設置時間とコストを削減する斬新な方法を発見した。同じような特徴を持つ製品を整理してグループ化することにより、処理時間と製造コストを格段に減少させたのである。

パフォーマンスを超えて

このような独特な組織上のモデルによって、オフショア企業は欧米の顧客企業に対し、自国で得られるよりも高水準のパフォーマンスを提供することを可能としている。

しかし、オフショアの可能性はそれだけではない。クライアント企業はただ単に労働集約的な業務をアウトソースすることから、それを高付加価値業務に拡大し、さらには周辺市場への参入戦略にまで、活用の段階を向上させていくことが可能なのである。

もちろん、こうした機会の一つ一つは、それを利用しようとするどの欧米企業にも一見すれば手に入るように見えるのだが、実際には実現までにいくつかの段階が存在する。オフショアでの取り組みを拡大するにしたがい、企業は次第に経験とスキルを積み重ねていくが、その段階的な蓄積なくしては、オフショアリングを周辺市場参入戦略にまで利用することは、大きな困難とリスクを伴うのである。

●特定業務における発注業務範囲の拡大

依然としてオフショアリングを、スキルを必要としないカスタマーサポート業務の一部にしか使えないと考えているアメリカ企業は多い。しかし一方で、オフショアリングの経験を積むにしたがい、スキルを必要とする業務であってもオフショアリングを実現できることを発見する企業もある。

たとえば、イーテレケアのクライアントである金融サービス会社は、平均的なコールセンターのスキルがあればこなせるレベルの業務であるプリペイドカードの顧客サポートを委託することから、アウトソーシングを開始した。しかしこの企業は同社の優れたパフォーマンスを目の当たりにして、すぐに一段高いスキルを必要とするトラベラーズ・チェックの取り扱いも任せるようになった。外国でトラベラーズ・チェックをなくした顧客はストレスが相当たまっており、それに対して適切に対処する必要がある。また一方で、担当者は顧客へ五万ドルまでの送金の判断をくだし、トラベラーズ・チェックの不正使用については、地元の警察と協力して逮捕の手続きを踏まなければならないこともあるため、冷静な判断力と責任感を持って対処する必要がある。同社はこれらの高度なスキルを要求する業務に関してもクライアントの要求に応えることに成功し、現在、委託業務の範囲をさらに拡大し、さらに高いスキル、高度な金融知識と判断力が要求されるミューチュアル・ファンドのコールセンター業務を任せられるまでになっている。

●高付加価値業務への拡大……

特に製品コストの大部分が製造に関わるコストとなる企業は、オフショアでの取り組みを高付加価値業務に拡大することでさらに大きな価値を得ることもできる。オフショアでの製造をいち早く開始した業界の一つ、コンピュータ業界での事例を取り上げてみよう。

アメリカのコンピュータOEM企業のオフショアリングは、比較的スキルを必要としない組み立て工程を、多くはセレクティカ、フレクトロニクス、ソレクトロンといったEMS（訳注：電子機器製造における調達、製造、設計に加えて、物流管理等までを総合的に請け負う受託製造サービス）に製品の製造を外注することから始まった。次第にこれらのOEM企業は製品設計、調達、在庫管理などの関連サービスに至るまでEMS企業に委託する業務の範囲を拡大することとなる。そしてこれらのOEM企業が次第に依存度を高めていった結果、アメリカ大手OEM企業の製品の製造から設計までをも受託する台湾企業を中心としたODM企業の登場へとつながったのである。

ODMの上位五社はASUS、ベンキュー、コンパル・エレクトロニクス、ホンハイ精密、クアンタ・コンピュータであるが、どの企業もEMSサービス業者に比べればまだ知名度は低い。これらの企業は当初、低価格・大量販売の製品のみを事業分野としていたが、その後着実に技術力を高め、高度なコンピュータ製品へと取り扱い分野を拡大していった。欧米企業にとっては、こうした企業を使うと人件費の節約になるばかりでなく、製品の開発期間が短縮され、部品コストを削減し、在庫管理を厳しくし、さらに適応力の高いサプライチェーンを構築することができる。ODM業者は現在もOEMから提供された仕様に基づいて製品設計を行っているものの、次第に自社製品の設計と販売を開始し、同時に研究開発への投資額を増加させている。その結果、二〇〇四年にはEMS事業者の上位五社の平均成長率が三%にすぎないなか、上位五社のODM事業者は平均して三四%成長をする見通しである。(注7)

海外で製品設計を行う企業は、仕様設計やコンポーネントの調達もオフショアリングすることで利益を得ることが可能となる。そしてこれらの機能のオフショアが実現するのであれば、SCM(サプライ・チェーン・マネジメント)すら海外に移管することができるだろう。なぜならば、オフショアの製造業者、なかでもテクノロジーに関する「生態系」が発達している地域で活動する企業は、サプライヤーの能力を適切に評価できることが多い。そしてまた、開発期間を短縮し、生産量を最適化し、在庫投資を削減できるかどうかは、サプライチェーン全体に関わる活動を効果的に調整できるかどうかにかかっているからである。

実際のところ、ソロモン・スミス・バーニーによれば、ODMの上位五社は、調達およびSCMの全責任を担っているため、在庫の回転速度がEMS企業上位五社よりも三五％速いと見積もっている。コンピュータのように、価格が急速に下落し、新製品の導入頻度が高く陳腐化リスクが上昇している業界では、在庫管理を厳しくすることはとりわけ価値が高い。そして、コンピュータと比較的似た特徴を持つ業界、たとえばアパレルや、自動車部品、携帯電話、家電製品、医療機器といった他の製造業においても、これらの経済性や製造能力は非常に魅力的であり、同様の動きが進み始めている。

●そして周辺製品市場へ

オフショアリングはまた、企業に新たな製品市場への拡大の機会を提供する。一つの事例として、コンピュータ企業が家電市場へと進出している事例を見てみることにしよう。ゲートウェイは、短期間のうちにアメリカのプラズマテレビ市場での主導権を獲得した。ヒューレット・パッカードは、キヤノンやニコンといった業界の盟主との厳しい競争にもかかわらず、デジタルカメラで六％の市場シェアを開拓し、さらにデルはテレビとスマートフォン（多機能携帯電話）市場の開拓を目指している。これらOEM企業は、これまでにコンピュータやその周辺機器の製造で蓄積してきたアジアのODM企業との関係や知識を活用して、かつては彼らにとって参入が不可能と思われていた家電製品市場への参入リスクを軽減させることに成功し、急速に市場に参入しようとしている。

新製品市場でオフショアのアウトソーシングを利用するのは、一般的には難しい。ただし、企業が自社の製品分野で高度なスキルを要する業務をアウトソーシングした経験があり、業者との関係ができあがっている場合は別なのである。

OEM企業が新たな製品市場へと業務を拡大しようとする多くの場合、自社に欠けている分野の設計能力と技術力はODM企業から提供を受ける。ODM企業もまた、自社でキー・コンポーネントをつくったり組み立てたりするばかりではなく、自己の属する「生態系」の域内で他社にアウトソースしてしまうことすらある。このようなケースの場合、合弁事業やその他の資本関係を結ぶことはなく、単純な契約関係となることが多い。

OEM企業は、自社には欠けているスキルや専門性に対する対価を払い、特定市場への参入を阻んでいた障壁を克服したうえで、今度は自社のブランド、マーケティング力、販売チャネル、顧客関係を使って製品を販売することになる。実際、このプロセスは相互協力的に行われている。ODM企業は、自社のほうから欧米企業にまずアプローチすることで知られてきているが、普通はOEM企業が高度な製品仕様をODM企業に持ち込み、その設計を両者で磨きをかけていくプロセスとなる。

たとえばヒューレット・パッカードは、ODM企業との協力によって競争力を獲得したアメリカ企業の一例と言える。この例においては、レンズやCCDといったキー・コンポーネントで圧倒的な技術的優位を誇る日本のカメラ企業に対抗することに成功した。ヒューレット・パッカードは台湾のODM企業との関係を拡大し、たとえばテコム・テクノロジーと協同で、同社のPC用カメラにおけるパイオニアとしての技術力を足場に、それを高パフォーマンスのデジタル・カメラの分野に技術を深化させたのである。

ではなぜ、テコムは他のアジア企業のようにアメリカ市場に自ら参入しようとしないのだろうか（たとえば中国のハイアール・グループはアメリカで自社製品を販売しているし、他のメーカーもまたアメリカ市場への参入を検討していると言われている）。その答えは、現状ではほとんどのODM企業が、先進国市場で成功するために必要な消費者に対する知識やマーケティング力を備えてはいないからである（注8）。

しかし、業務のオフショア化は、スタティック（静的）というよりはダイナミック（動的）である。アジアの企業が扱えるのはスキルの低いビジネス活動だけだと考えることが視野の狭い発想であったのと同様、アジア企業は先進国で成功するだけのマーケティング力を身につけられないだろうとアメリカ企業が考えるとすれば、それはまったくの的外れとなるだろう。主要な設計や技術分野をアジアに移しても、先進国での自らの競争優位性は維持できると自信満々の企業も多いが、すでにその可能性を十分認識し、ODM企業との連携を避ける欧米企業もあるようだ。

アメリカのコンピューター・メーカーの早い動きを見ていると、労働集約的な業務や、デジタルコンポーネントの重要性が高まっている業界であればどのような業界でも、このような市場参入戦略が可能なのではないかと考えることができる。そして、対面接客が必要なサービス業や、製品の運送費用がかさむ業種のように、一部に向かない業種は依然として存在するが、多くのビジネスでオフショアリングは可能である。

海外でのアウトソーシングは欧米の企業に対して、単に価値の低い、労働集約的な作業を海外に移す以上の機会を提供する。コスト面での業務の効率化に加え、オフショア企業は、高度なスキルを要求される業務でも、優れたパフォーマンスと新たな製品市場参入のための有利なプラットフォームを提供してくれるのである。

【注】

（1）アジアほどではないが、この動きはロシアを含む東欧のように急速に経済発展を遂げている国々でも展開されている。しかしアメリカ企業にとっては、現在はアジアが業務をオフショア化する主要な対象国となっている。

（2）顧客処理件数一件あたりのコストは、案件ごとのすべての電話、およびその案件に関するすべての製品発送および再発送にかかる費用を含むコールセンターの運営費をカバーしている。

（3）一製造ラインあたりのユニット数および装置一台あたりに装備されるSMT部品の数を基準に算定。

（4）アメリカ・カーネギーメロン大学が開発し、世界的に採用されている評価モデル。

（5）一つの集積回路の中に、携帯電話のようなまとまったシステムに必要な電子回路その他の機能をすべて詰め込むこと。

（6）全米証券業協会

（7）コンピュータのODM企業は、高いROE（株主資本利益率）も達成している。ソロモン・スミス・バーニーによると、二〇〇二年の上位五社の平均ROEは一八％、一方OEMサービス業者上位五社の平均ROEはマイナス二六％だった。

（8）アジア企業がこの市場で一定の評価を得るために必要な能力については、Paul Gao, Jonathan R. Woetzel, and Yibing Wu, “Can Chinese brands make it abroad?” *The McKinsey Quarterly*, 2003 special edition: Global directions, pp. 54-65（www.mckinseyquarterly .com/links/8907）参照。

Chapter 9

Interview : Deutsche Bank's IT revolution

ドイツ銀行のIT革命——ドイツ銀行ヘルマン-ヨゼフ・ランベルティ COO兼CIOインタビュー

フランク・マターン

シュテファン・シュパン

大隈健史・監訳

【著者紹介】

Frank Matternはマッキンゼー・アンド・カンパニーのビジネス・テクノロジー・グループのグローバル・リーダー。フランクフルトが拠点。
Stefan Spangは同ディレクター兼ロンドン・オフィスのリーダー。

本稿の初出は、*McKinsey on IT,* Spring 2004

Interview : Deutsche Bank's IT revolution
McKinsey on IT, Spring 2004

一九九九年以来、ドイツ銀行はＩＴ支出を大幅に削減しながら、銀行業のニーズに即応できる体制にするべく、世界中のＩＴ業務を徹底的に再構築してきた。具体的には、幅広い業務の効率性改善とともに、ＩＴ組織とそのガバナンス・モデルの再構築、ＩＴ部門の業務および銀行業務プロセスの大幅なアウトソーシングなどを行ったのである。

ヘルマン＝ヨゼフ・ランベルティ氏はドイツ銀行のＣＯＯ兼ＣＩＯであり、グループの取締役会にも名を連ねる。フランク・マターンおよびシュテファン・シュパンとのディスカッションのなかで、ランベルティ氏は同行の変革プログラム、その背景となった思想、そしてグローバルな組織が大規模な変革をどのように実現したかについて語ってくれた。

組織と予算の再編によるＩＴガバナンスの確立

――変革を行うにあたって、貴行が直面していた課題は何でしたか。

まず、一九九九年の段階では、既存のＩＴ部門であるグローバル・テクノロジー・アンド・サービス（ＧＴＳ）の組織構造と責任体制は明確ではありませんでした。プロフイット・センターであると同時に、コスト・センターでもある組織だったのです。さらに、行内の各事業部門はGTSにサービスの提供を求める立場にありながら、その予算に対する決定権は与えられていなかったのです。

年に一回の予算編成に際しては、事業部門が自部門の事業戦略に対応するIT投資案件を決定するのではなく、IT部門がトップダウンで、数十億マルク規模の予算を提案することになっていました。他のコスト配分に関する問題に加え、この予算の決め方のために、事業部門は自部門のコストについて、完全に誤った認識を抱くようになっていたのです。この実態に直面して、我々は二つの根本的な決定を行いました。まず、銀行業務の主要部分をつかさどる利益志向の事業部門として、グローバル・トランザクション・バンク（GTB）を設立しました。次に、この組織をベースにして旧GTSを完全に解体し、それぞれの役割を各事業部門に割り振ることで、事業内容に沿ったIT業務モデルを構築しました。

――こうした意思決定をどのように実行に移したのですか。

最初のステップとして、既存の組織構造をこじ開け、新たなものを組み立てなければなりませんでした。第一に、アプリケーション開発部門をつくりました。ここは現在、各事業部門の方針に沿ったかたちで業務を行っています。第二に、ITインフラに特化

ヘルマン-ヨゼフ・ランベルティ（Hermann-Josef Lamverti）のプロフィール

1956年2月5日、ドイツ・ライン州ボッパルド生まれ。

学歴

コローニュ大学とダブリン大学で経営学を専攻（1977～81年）

職歴

1982～83年：トロントのトウシュ・ロスならびにフランクフルト／デュッセルドルフのTreuverkehr社でコンサルタント…監査、コンサルティング、ITプロジェクト管理
1983～84年：フランクフルトのケミカル銀行…外国為替、統括業務
1985～98年：IBM
…ドイツIBMで銀行および保険担当のマネジメント業務（1985～92）
…ヨーロッパ、中東、およびアフリカのIBMで個人向けソフトウエアおよびソフトウエア販売担当のゼネラル・マネジャー（1993～94）
…アメリカIBMでマーケティングおよびブランド・マネジメント担当のバイスプレジデント（1995～96）
…ドイツIBM社長（1997～98）
1998年～現在：ドイツ銀行
…エグゼクティブ・バイスプレジデント（1998）
…グローバル・テクノロジー・アンド・サービス（GTS）担当の取締役（1999～2000）
…CIO、個人顧客および資産管理グループ担当の取締役（2001）
…COO、ドイツ銀行のコストおよびインフラ管理、ITおよび関連業務、施設および設備管理ならびに購買担当（2002年～現在）

した部門をつくりました。そして第三に、購買、クレジット・カード、POSサービス、支払いおよび証券決済業務、施設管理などをつかさどる、総勢で三五〇〇名からなる部門をつくり、これを「DBサービス」と名づけたのです。

　次のステップは、予算を、「銀行業務を回すもの（RTB：Run-the-Bank）」と「銀行を変革するもの（CTB：Change-the-Bank）」という二つの基準で実質的に切り分けるというガバナンス体

制を構築しました。RTB予算は既存業務のメンテナンスに、CTB予算は新たなIT投資に特化します。我々はかなり早い段階から、この二種類の予算は別々に取り扱う必要があることを理解していました。ですから、基本方針として、予算総額の継続的上昇は抑えるという原則を定めながら、新しいITプロジェクトの開始にあたっては自由度を高めることにしたのです。RTBでは、毎年五％のコスト削減を目標としました。最終的には五％のコスト削減を実現できたばかりでなく、トランザクション数の大幅な増加にも十分対処できるようになりました。一方、CTB予算については、総IT支出の二五～三〇％にまで増やしたいと考えていました。したがって、RTBにおける生産性の向上が追加的なCTB活動のための資金源となり、結果として総IT支出額を削減できました。

これを達成するには二つの大きな変化が必要でした。一つ目は、CTB予算全体を再編成して事業と一体化し、各事業部門にIT投資の決定権を与えたことです。もちろんこの試みは、すべてがすんなりと進んだわけではありません。IT部門の側が特定のプロジェクトやその実現方法に関して事業部門とは異なる意見を持つこともありうるからです。そこで、二つ目の変化は、すべての新規ITプロジェクトに対してガバナンスを発揮するために、「IT投資委員会」を設立し、この試みを真に実効性のあるものにすることでした。この委員会には、事業部門のプロジェクト・リーダーとＩＴ部門の代表者、そして全社的なコスト管理の観点からＣＯＯ直属のスタッフが参加しています。この枠組みの中で事業部門が投資に対する意思決定を行い、ＩＴ部門は内容を理解したうえで事業部門からの注文を受領します。ＩＴ投資の意思決定プロセスがＩＴ部門内で完結していた時代からは、まったくの様変わりとなったわけです。

――こうした組織やプロセスの再構築が成功するための前提条件は、何だったのでしょうか。

基本的な前提条件は、コストの完全な透明化でした。組織ごとの人数を把握することから始まり、現在ではだれに対して何のコストが請求されているかを正確に把握することができます。以前はＩＴ部門、その他の本社部門、そして事業部門間のコスト配分プロセスが一貫性を欠くものだったため、「勝者なき戦い」になっていました。たとえばだれかが予算を変更すると、他の部門への予算配分も変わります。そして全員が連鎖的に自部門の予算を調整するのです。時間と労力を浪費するわりには、こうしたプロセスにはほとんど利点がありません。そこで、この不透明な状況を打破するために、キャスケーディング（連鎖順位）モデルを導入しました。これはすべての事業や機能、そして予算が、明確に定義されたウォーターフォール（滝）型の様式で下方にのみ割り振られていくというものです。

広範なアウトソーシング、オフショアリングによるコスト削減

――こうした施策とコスト削減との関連はどのようなものだったのでしょうか。

このような構造的な変化はもちろん、長い目で見ればＩＴ機能の専門性を高めるうえで大変重要なものでした。しかし目に見える大規模なコスト削減を実現できていなかったら、これほど成功することはなかったでしょう。二〇〇一年から二〇〇三年にかけて、我々は約一〇億ユーロのコスト削減を実現しました。私の記憶によれば、二〇〇一年の経費はおおよそ四〇億ユーロでしたが、二〇〇三年には三〇億ユーロを切っていました。これは、私たちがそもそも目標にしていたよりはるかに大きなコスト削減を達成したことになります。このコスト削減の大部分はＲＴＢサイドの取り組みで実現しました。ＣＴＢについては予定どおり投資金額を増加させることができ、現在では全体の三割を占めるまでになりました。

――では、そのコスト削減はどのようにして達成したのですか。もちろん、単なる予算

削減ではなかったはずだろうと思いますが。

多くの要素による組み合わせでした。なかでも決定的だったのは、簡潔なマスター・プランと明確な実行プログラムの策定から着手したことです。その他の重要な施策としては、コアではない機能を広範囲にわたってスピン・オフしました。子会社だったエマジン社を外部のサービス・プロバイダー、GFTテクノロジーズに合併させたのはその一例です。我々はそのうえでGFTと契約を結び、アプリケーション開発に携わるフリーランスの人材管理と仲介業務を委託しているのです。

もう一つの重要な動きは、RTBサイドの組織をスリム化することでした。ここでもアウトソーシングが重要な役割を果たしました。我々は既存のサポート機能のアウトソーシングを集中的に行いました。実は当時からすでに多くの機能がDBサービス傘下のいくつかのサポート部門にまとめられていました。つまりこれらの機能は、すでに社内のサービス・プロバイダーに擬似的にアウトソーシングされていたのでした。このような状況は私にとって、本当の外部サービス・プロバイダーへアウトソースできると確信するのに十分なものでした。その好例が、リテール向けの支払い業務を行っていた「DBペイメント」で、これを最近ドイツ・ポストバンクに売却しました。

――結果として、どのような機能がアウトソースされたのですか。

インフラ、業務プロセス、そして一般的な銀行業務という三段階に分けてアウトソーシングを推進しました。最初の段階、つまり基本インフラのサービスとしては、データ・センター、機械オペレーション、そしてソフトウエア・スタック管理などの業務を行っていました。ここでのアウトソーシングのパートナーはＩＢＭで、現在では指定されたコスト制約内での稼働時間を最大化し、高度なユーティリティ・プライシング・モデル（コンピュータの使用量に応じた料金体系）に従って適切な処理能力を提供する業務を請け負ってもらっています。データ・センターのアウトソースを検討する際の重要な論点は、中期的な目標のなかで物理的なインフラを置き換える必要があるか、〝九・一一〟の経験に鑑みてＢＣＭ（事業継続管理）コンセプトを刷新する必要があるかという点でした。我々はまた、すべてのヨーロッパ大陸のデータ・センターの運営を一カ所に統合しました。それまでは、ベルギー、ドイツ、イタリア、ルクセンブルク、ポーランド、ポルトガル、スペイン、スイスにおいて、それぞれ別個のインフラでデータ・センターを運営していたのです。

大事なことを言い残していました。我々はアウトソーシングによってテクノロジー・サイドの改善だけでなく、以前よりはるかに広く、深いスキル・ベースを活用することを通じて、根本的な事業変革を成し遂げる機会を得た、ということです。

――そして、インフラのアウトソーシングの次には何を行ったのですか。

次の段階は、共有業務プロセスのアウトソーシングでした。購買、人事システム、支払い処理といった、銀行のコア業務ではないサポート業務のプロセスのことです。これらに関しては、我々がグローバルに運用しているピープルソフトHRシステムのメンテナンスなど、いくつかの完結したアプリケーション分野の外部委託を行いました。こうした業務プロセスをアウトソースする場合には、プロセスに付随するアプリケーション・システムごとアウトソースすべきだと思います。コアではない業務プロセスに関して蓄積した知見を社内に留めておいたところで、本業での成功や競争力にとって差別化要因にはなりえないからです。

――業務プロセスのアウトソーシングで目指したことは何ですか。

コスト削減を最も重要な要素ととらえ、大幅なコスト削減が確実に見込めなければ、アウトソーシングを追求することは避けました。原則として二〇%以上のコスト削減が実現できるかどうかを一つの基準としました。質的な改善も必要条件でした。

――そして、三番目の段階となる一般的な銀行業務プロセスのアウトソーシングはどうだったのですか。

これは、コモディティ型の銀行業務プロセスを扱う分野で、たとえばリテール向けの決済業務や支払い処理といった、競争力や十分な利益が望めない分野のことです。この業務プロセスをアウトソーシング分野として選択したことは、時間とともに効いてくるでしょう。そのため、この方向性を逆転させることはまずないだろうと思っています。実際、我々以外にも多くの市場参加者が同じことに着手することで、こうしたバック・オフィス業務の切り出し、そして統合という興味深い機会を生み出すことになるでしょう。我々はこれを「銀行業務の産業化」と呼んでいます。

――アウトソーシング契約では、発注者はパフォーマンス管理についての合意を求めることが普通だと思います。貴行はこうした事項をアウトソースの対象業務にどう適用しようとしていますか。

アウトソースしたあとで直接コントロールすることのできない機能については、二つの可能性があります。コンペ、または「オープン・ブック」方式です。コンペとはつまり自由入札のことですから、掛け値なしの市場価格で業務を委託することができます。たとえばインフラの場合、ＩＢＭとのアウトソーシング契約にかかわらず、個別の機器に関する契約はコンペを通じてどの業者とも締結することができます。こうして分野ごとに数社との契約を継続し、最適な業者ポートフォリオを構築できるよう努めています。「オープン・ブック」方式とは、つまり業者に業務プロセスごとのコスト、生産性、パフォーマンス指標についての情報をすべて開示させることで、完全な透明性を保持する仕組みのことです。

――広範にわたる貴行のアウトソーシングのポートフォリオのなかで、オフショアリングについてはどのようにとらえておられますか。

オフショアリングに関しては、現在ホワイトカラー人材の再配置という問題に直面していますが、確かにITアプリケーション開発は最初に影響を受ける分野の一つです。我々は、銀行業務をグローバルに展開しているため、たとえばインドでのソフトウエア開発など数多くの取り組みを経験し、オフショア専門業者ともいくつもの共同プロジェクトを行っています。私自身は、オフショアリングの波はまさに始まったばかりだと考えており、これからも引き続き取り組んでいこうと考えています。

――オフショアリングの問題はどこにあるとお考えですか。

主要な問題は、顧客の個人情報と取引データ、つまり広い意味での顧客データに関する規制当局の動向です。我々としては、現状に大きな変更がない限り、顧客データの管理業務をオフショアリングすることはできないと考えています。これは技術的な問題が原因ではありません。オフショア環境において、法的環境や政治的安定性が大幅に変動した際にも情報へのアクセスを確保できるのか、という点についての懸念がぬぐえないからです。たとえば、ドイツ人の顧客に関するドイツ銀行のデータが中国で管理されているとしたら、ＢＡＦｉｎ（ドイツ金融庁）はどう反応するでしょうか。同様の問題は、拡大を続けるＥＵについても起こりうると考えています。というのも、いくらＥＵ内での事業展開の自由度が高まろうと、内容の異なる加盟各国の規制は、それぞれ有効であり続けるからです。

成長に向けたさらなる変革への取り組み

――今後二、三年を見据えた時に、何が最も重要な問題になるとお考えでしょうか。

将来への展望を描く際には、主に以下の三要素が重要だと考えています。すなわち「価値貢献モデル」への移行、製販分離、そして顧客志向です。

「価値貢献モデル」とは、ＩＴ投資を、事業価値に対する真の貢献度から評価するという考え方です。この考え方を実現するために、我々は予備的なアプローチをすでに行ってきました。その結果、現在では少なくとも製品グループレベルでは、事業部門がどれくらいの額を投資し、それがＲＯＥにどのような影響を与えたかを確認することができるようになりました。この情報だけでも非常に興味深い識見を得ることができました。

さらに、製販分離としては、ミューチュアル・ファンド管理のような製造部門から個人顧客向け販売部隊を切り出すことから着手しました。こうした製造機能と販売機能の分離は、今後もいっそう先鋭的に推し進めていく必要があるでしょう。

そして最後に、我々は顧客志向を推し進めるための新たな取り組みを始めようとしています。その実現には、新たな人材の登用も、「クロス・セリングに関する第一二五回研修コース」も必要ありません。新しいマーケティング手法を考案し、新規顧客を呼び込み、既存顧客へのより充実したサービスを提供するための、テクノロジー対応力こそが求められるのではないでしょうか。そして、そこから始まる変革こそが、我々にとって次の「**e-volution**（テクノロジーによる進化）」であろうと考えています。我々はまさにその直前まできていると確信しています。

ここ数年の変革への取り組みによって、透明性とパフォーマンス志向の基礎をつくり上げることができました。いまや我々はこの堅固な基盤をもとに、真の情熱を持ってお客様に奉仕することができると考えています。

Chapter 10

Sustaining high profits through business process reform and IT– The Uniqlo story

ユニクロの高収益を支える「業務改革」とそれを実現した「IT」——ファーストリテイリング堂前宣夫副社長インタビュー

萩平和巳

本稿は、ファーストリテイリング副社長の堂前宣夫氏を、マッキンゼー・アンド・カンパニー東京オフィスのマネジャーの萩平和巳が、2004年12月にインタビューしてまとめた。

ユニクロのフリースブームを鮮烈に覚えている読者は多いだろう。強力かつ革新的なビジネスモデルと、その価格力で一世を風靡したファーストリテイリングは、ブーム終焉後も引き続き高い収益力を誇り、海外進出には一時手間どったものの、再び攻勢に転じようとしている。同社の躍進を業務改革による高収益体質確立で支えてきたのが、堂前宣夫副社長である。

堂前氏は、マッキンゼー・アンド・カンパニーからファーストリテイリングに転職後、経営企画担当役員として同社の業務改革を設計し、推進してきた。それは、本書がこれからのCIOとして描く姿、すなわち自身の使命を情報システムの関連業務に限定することなく、事業をドライブし、変革していくという姿をそのまま地で行くものだ。

アパレルで日本初の企業としてソニーやホンダのような世界企業になるという、柳井正社長（当時）の夢とエネルギーに惹かれて同社に入社した、と堂前氏は言う。入社当時は知名度も低く、面接で「入社する」と言ったものの、実は店も商品も知らなかった。入社直前に客として訪れた店舗で初めて、店の広さ・清潔さ、商品のよさ・安さを知って驚いたという。当時、山口本社に勤務していた社員は一〇〇名弱。「東京からよく来た」と温かく迎えられたそうだが、そこから今日に至るまでどのように奮戦してきたのか、マッキンゼーの萩平和巳が二〇〇四年一二月にインタビューした。

――最初にファーストリテイリングの概要を教えてください。

ユニクロは、国内六六四店舗（二〇〇四年一一月末現在）、海外はイギリスが六店舗、上海が七店舗。国内はほとんど直営店ですが、一部はＦＣ（フランチャイズ店）や社員ＦＣです。ブランディングは本社がコントロールしています。イギリスは、三年前に事業を始めてすぐ約二〇店舗となりましたが、一年半前に事業の効率化を進めるために店舗網を縮小して、ようやくここ一年で黒字化。上海は二年前に事業を始め、今期で黒字化の目処がたちました。イギリス、上海とも現地法人が店舗運営・販売を担当し、商品開発、デザイン、生産などはすべて日本でコントロールしています。

現在の目標は、ユニクロのグローバル化、グループ事業強化、国内ユニクロ事業の成長によって、現状三千数百億円の売上げを二〇一〇年にグループ全体で一兆円にすることです。

――堂前さんが入社された一九九八年当時は、どのような状況でしたか。

一九九八年八月期決算は売上げが約八三〇億円、経常利益は約六〇億円、店舗数三三六（うち直営店三一五）でした。その時点ですでに自社ブランドで小売りから生産まで手がけるＳＰＡ構想はありましたが、商品の一～二割は他社ライセンス・ブランドでした。商品生産に関わる社員は約一〇名、デザイナーはいましたが、型紙を起こしたりするパ

堂前宣夫のプロフィール

1969年１月生まれ。山口県出身。東京大学大学院では人工知能を研究。
2003年、世界経済フォーラム（本部はスイス・ジュネーブ）が毎年選ぶ「次世代のグローバルリーダー」の１人に選ばれた。

学歴

1993年３月　東京大学大学院電子工学修士課程修了

職歴

1993年４月　マッキンゼー・アンド・カンパニー入社
1998年９月　ファーストリテイリング入社
同　　11月　同取締役管理本部副本部長に就任
1999年３月　同取締役経営企画室長に就任
2000年７月　同常務取締役に就任
2004年11月　同取締役副社長に就任

タンナーは社内にいませんでした。そこから徐々に、自社ブランド商品を企画生産販売する会社、「製造小売業」に変わっていきました。

――その後、どのように成長したのですか。

一九九八年の原宿店オープンが転機でした。開店当初は、商品構成のなかに他社ブランドのライセンス商品も入れてオープンしましたが、ユニクロ・ブランド商品ばかりがあっという間に売れていき、「ユニクロ」の知名度が一気に上がりました。それを機に自社ブランドだけでいくことにしました。本格的に売上げが急増したのは、その翌年一九九九年秋冬のフリースブームからです。前年約一一〇〇億円の売上げが一年で約二二〇〇億円に増えました。さらに次の年、二〇〇〇年秋冬には、カタログ販売とネット販売を始め、店舗網も都心中心に大幅拡大して、二〇〇一年八月期には売上げ約四二〇〇億円くらいまでになりました。その後ブームの反動から売上げも落ちましたが、いま、また回復してきています。

ビジネスコンセプト、業務改革、そして道具としてのＩＴ

――成長の過程で、業務プロセスやＩＴはどのように進化しましたか。

会社としては、一九九八年から業務改革に取り組みました。そもそも、ユニクロは、そのミッション（企業使命）である「いつでもどこでもだれでも着られる、ファッション性のある高品質のベーシックカジュアルを、市場最低価格で継続的に提供する」を実現することに集中して業務運営しています。これは、業務改革以前からいまでも変わらず、きっと将来も変わることはありません。改革以前は、この実現のために「店舗運営の標準化とマニュアル化による徹底的なローコストオペレーションの実現」および、「商品展開を絞り込み同一商品を大量に完全買取することで、他社よりよい商品を他社より安く仕入れる」の二つを行っていました。改革はそれをさらに一歩進めようという

図表10―1　ファーストリテイリングの直近7年間の業績推移

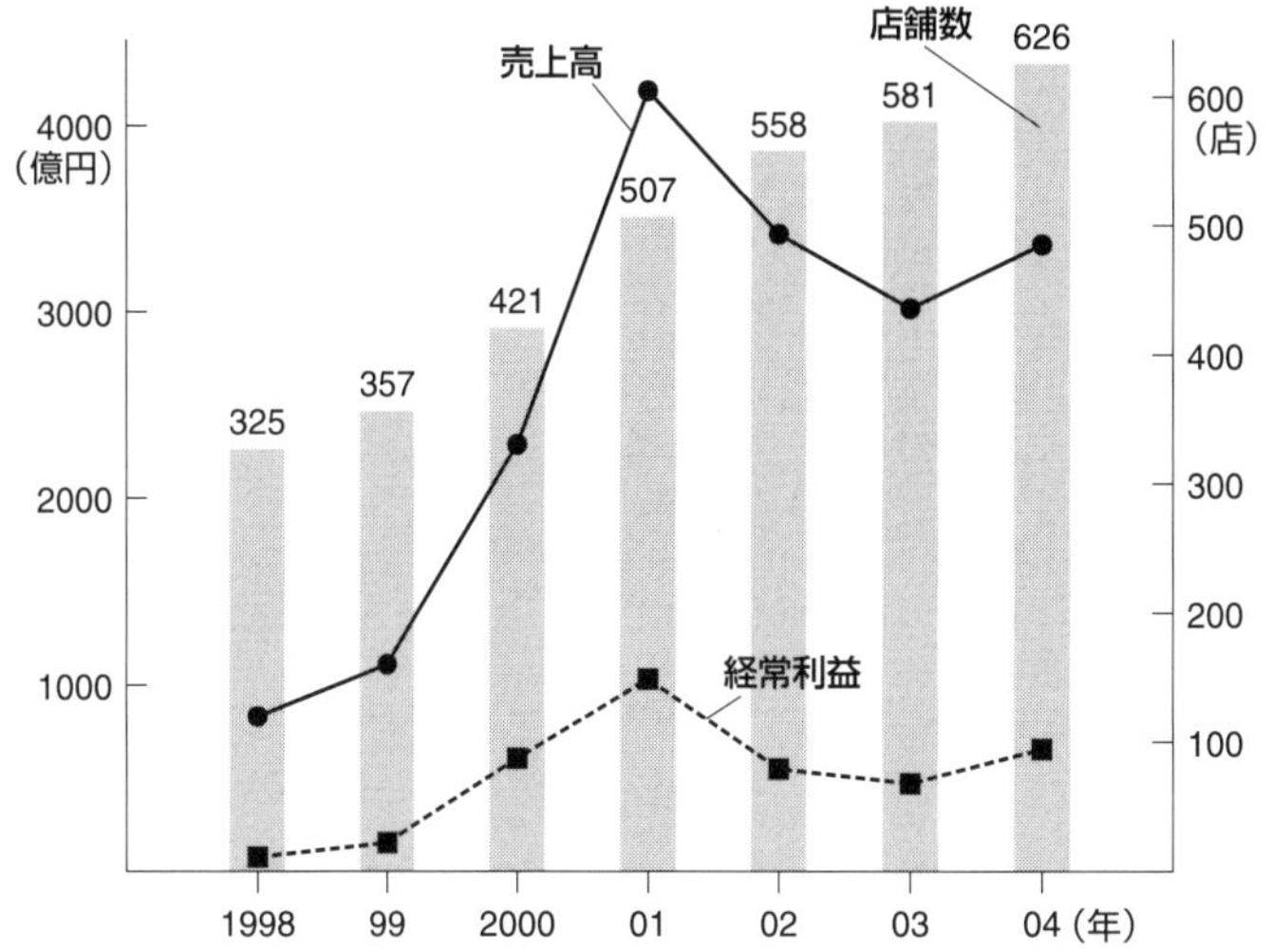

注：8月決算、売上高と経常利益は左目盛り、店舗数は直営店のみの数で右目盛り
出所：ファーストリテイリング

ことを目的としました。

その一つは、本部が商品在庫を店舗に送り込む本部集権型から、各店舗が自分で考えて在庫を調整し販売する店舗自律型への移行でした。一〇〇店舗くらいまでなら各店舗の顔が見えて、本部集権型による効率化・マニュアル化運営でも、本質的なサービス業精神の伝達とその実行が実現できましたが、さらに店舗が二〇〇店舗、三〇〇店舗と増えるにつれて、社長（当時）の柳井がどんなに懸命に語りかけても表面的な言葉しか届か

なくなり話の本質が伝わらなくなっていきました。悪い意味のマニュアル化が進みかけていました。そこで、社員全員がきちんとサービス精神を持ってお客様と向かい合い、ご要望にそった品揃え・サービスを実現するため、店舗の自律を推進しました。

もう一つは、アイテム別での期前の一括発注、在庫消化管理、多少の追加生産に留まっていた商品系業務を、色・サイズ単位での販売数量予測に基づくダイナミックな生産調整・生産管理業務の確立に進化させることでした。我々が行っている事業は、売れない物をつくると値引き販売するしかないので途端に粗利が落ちる一方、欠品したら売上げがとれず顧客満足度を下げてしまう。要は、どれだけ売れるとおりに生産できるかで、業績がまったく変わってしまうのです。だから、従来ドーンと一括して生産にかかっていたのを、売行きに応じて少しずつストップ&ゴーをすることで在庫の過不足をなくしていこうとしました。

これが収益力向上に強烈に効いてきて、売上げがピークを過ぎて、下降局面になっても業界トップクラスの利益率を維持できたのです。一般的な事業では売上げが二～三割落ちると赤字になるものも多いですが、当社はそうならなかったのです。

――業務改革はどのように進めたのですか。

まず、業務改革を一つ一つ業務プロセスや会議体などの仕組みに落とします。次に、それをシステムに落とす前に、新業務を試験実行します。それを通じ、さらに改善すべき点を洗い出しながら、新業務の効果やこだわり、いわば〝魂〟を込めていきます。それができて初めて情報システム化していきます。

――まずビジネスの儲けの仕組みを考え、それを実現するための経営の仕組みをつくり、それを会議体や業務に落とし込んで、それを実行するためのＩＴをつくるという流れですね。

その際、必ずシステムの上に載る業務の〝魂〟が理解され、浸透するように、システム教育というより、新業務の教育と実践を徹底して行います。教育が終わって、実践が開始され、業務が浸透してからも、さらなる業務の改善点が見えてきます。その場合でもシステムはできるだけ変えずに、運用つまり業務だけを変えていきます。そうしないと機動的かつ継続的な業務改革はできないと思います。

そもそも「ＩＴプロジェクト」というもの自体が意味がないですし、やってはいけないと思います。あくまで業務をよくして利益を上げるプロジェクトがあり、業務や実務を変えていった結果、道具としてのＩＴが入りました、というつもりでないとダメだと思います。まずビジネスで儲かるコンセプト、次に、それを実現するための業務改革、です。

業務の〝魂〟を理解してから、アレンジに移ってもらう

――多店舗化に伴う店舗管理では一般に、集権化して各店舗のデータを集積・分析して中央で発注・管理する会社と、各店舗に独自性を持たせる会社に分かれますね。

当社は店舗が勝手にいろいろなことをやるということではなく、全体の方針やチェーン店として同じことを行う部分は、ガイドラインとして本部がきっちりつくっています。ただし、それだけを実行すればいいというのでなく、本質を理解したうえで店舗ごとにアレンジを加えてほしい、というものです。

たとえば、発注数量も上下限を設けています。各店における商品ごとの推奨値は本部ガイドラインに基づきシステムでつくっています。店長になりたての人は、何も考えずに発注画面で推奨値に対して「ＯＫ」ボタンを押せば、かつての本部集権型と同レベルの店舗業績は確保できるようになっています。

この仕組みは会社全体のキャンペーンや各商品の在庫状況に全部連動していて、なおかつきちんと各店舗ごとにブレークダウンされたものを目指しています。優秀な店長は、

それをさらに自分なりに工夫して発注することになります。新店がどんどんオープンしていくし、若い店長が多いので、成熟したコンビニエンスストア・チェーンのような完全自律型モデルとは違い、チェーンでの統一化と教育的要素を入れた仕組みになっています。成長する企業向けモデルになっていると思います。

――「OK」ボタンを押せばとりあえず失敗しないという精度のシステムを築き上げるまでには、過去のデータの検証を相当行ったのですか。

何年もかけて積み重ねたデータから機械的に築き上げるというより、小売業に関わる熟練者にとって普通ならこうするだろうという人間的な判断の単純な集積です。在庫の回転は全商品同一がいいとか、この季節にはこんな商品が什器三台を埋めていなければいけないといった人間判断を、店舗別へブレークダウンしたものにすぎません。

――アレンジなしの標準発注だけではうまくいかない店舗もあるのではないですか。

ありますね。そういう難しい店にはベテラン店長を配置しています。新人店長はわりと標準的な店舗に配置して、あまり複雑なことを考えずに店舗運営を一生懸命やれば成果が出るようにしています。店舗運営ができるようになったら、次は売上在庫管理に移るといった教育的観点も含めた、本部が相当サポートする店舗自律型の仕組みです。こういった仕組みとそのうえの業務の〝魂〟をセットで展開することで、ユニクロのノウハウを海外などにもスピーディに広げていくことができると思います。

システム化プロジェクトの成果は、改革業務の特定と実践だった

――こうした業務改革における堂前さんの役割は何だったのですか。

会社の経営計画／商品計画策定から、業務改革の仕組みづくり、システムの帳票設計、さらにそれを現場に実務として定着させることまで何でもやりました。

たとえば、「会議を開くので、こういう数値資料を用意して集まってください」と呼びかけ、会議では「来月以降の売上予算そのものをこう変えよう」「この商品はこれだけ追加発注しよう」などと、実務内容そのものについて侃々諤々議論する。そこでの判断プロセスが固まったら、帳票の自動化などをシステムに落としていく。帳票の項目を見たときに判断すべきポイントを議論を通じて明示していくと、担当者も次第に帳票を見て自分で考えるようになっていく。そこに至るまで、意思決定の過程を試行錯誤して、磨き上げながら仕組み化していきました。

――当初はパッケージ・ソフトやシステムは全然関係なかったということですね。

そうです。どういう会議体で何を判断するか、どういう情報や資料をもとに、どんな意思決定をするか、現場の中で実践する。すると皆がそれを覚え始め、業務改革が浸透する。ITやシステムは、そのためのいわば〝メモ帳〟でしかありません。

――IT化はどのように進めましたか。

業務構想は難しくないけれど、実行するにはシステムがないとけっこう大変です。ただし、構想段階で完璧なものはつくれないので、思いをそのままシステム化した第一弾をつくりました。それを教育展開しながら、実務を通じて改善点を洗い出し、またつくり変えました。具体的には、全店が自分で発注するとか、それを集計して本部在庫から引き当てるということは手作業ではできないので、仮システムをつくって、まずは業務を回し始めました。さらに実務実践を続けていくと、いろいろな問題も出てきました。当初は本部標準をきちんとつくらなかったので、新人店長の店舗で大変なことが起きたなどという失敗を繰り返し、改善していったのです。

商品系の業務も、試行錯誤の繰り返しです。当初、商品系は全体像もよくわからないまま、需要予測とは何かというところから着手しました。「エクセル」（マイクロソフトの表計算ソフト）を使い、重要な商品一つ一つの需要予測をボトムアップで始めて、ようやく全品番に到達したという頃にユニクロブームがきました。結果、会社の売上予算そのものを大きく変えなくてはならず、品番単位だけでやっても意味がないということに気がつきました。そこで今度は、予算をどう計画するかを考えて、予算化のプロセスや会議体などをつくり、それと連動させて生産するという業務を定着させていきました。こんなことをシステムなしで、エクセルだけで一年半ぐらい行い、ようやく業務プロセスがある程度固まってきたと思ったのですが、それでもまだ甘かった。

――まだ試行錯誤は続くのですか。

一回システムを入れたのです。特定された業務に近いパッケージ・システムを入れたらうまくいくかと思いまして。ところが、当時はまだまだ生産や商品供給に関する我々の理解が浅く、うまくいきませんでした。システム自体はそれなりに動きましたが、実務では一部の機能しか使えませんでした。システムができた頃には、業務でそれ以上のことをやり始めていたのです。これらの活動を通じて業務の実践による精緻化が進み、「あっ、こんなことをさらにやらなければいけない」という業務が次々と見えてきてそれを開始し、結果、導入したシステムが業務より古くなってしまったのです。

つまり、このシステム化プロジェクトのアウトプットは、システムではなくて、やらなければならない業務の特定と、現場でのその実現だったと思います。

あるべきは、情報システム部でなく、業務システム部

――**業務改革で、情報システム部はどのような役割を果たしましたか。**

私は、情報システム部やＩＴ部門という表現はおかしいと思うのです。その表現自体が、仕事の幅を、機能不十分になるまで狭くしています。当社では、「業務システム部」と呼んでいます。事業に必要なのは、業務の強化と、その業務に〝魂〟を入れることです。情報システムやＩＴというと、どうしても〝コンピュータ屋〟が出てきてしまいます。業務開発機能と情報システム機能は、「業務システム部」として一セットであるべきです。

――**業務システム部のミッションや役割は、どう定義されていますか。**

業務開発と情報システム開発とその運営です。かつては業務システム部のなかに業務開発チームと情報システムチームを置いていましたが、情報システムチームが存在することで、「初めにＩＴ導入ありき」の〝コンピュータ屋〟が出てくるという弊害が起きそうでしたので、業務システムチーム一本としました。部員はみな、業務開発から情報シ

ステムまで一気通貫で全部やることになっています。

――業務システムを構築する人は、担当する業務プロセスやビジネスシステムの一番のエキスパートというわけですね。現場がどんどん進化するなかで、業務システム部の部員は、それについて行き、それを上回るノウハウや知見をどのように身につけていくのですか。

一つには、業務システム部とその他の部との間で人事交流を頻繁に行っています。現場を担当してシステムに戻る人もいるし、その逆もいるので、業務システム部に現場ノウハウがたまっています。さらに、日常的に、現場実務者が主体者となって、業務システム部とよく相談し、よく考えたうえでシステム化していく社風になっています。

たとえば商品系の現場では、私から「商品計画・生産計画の確認会議を行うから、この期日までに、このフォーマットで必要な帳票をつくって説明できるようにしておいてください」と言われ、その帳票を作成し中身を確認し、対策を策定しておくといった業務のために時には徹夜をするなどというきつい経験もしていて、自然に自分たちの生きる道を探してシステム化を考えるという面もあるかと思います。

あるいは、本当に業績を上げようとした時、こういう数字の見方をしないといけないのではないかということを、自分たちで試行錯誤し、「システムで何とかならないか」

ということを、現場が主体的に、業務システム部と議論するようになっていき、その過程で業務システム部にも知見が蓄積されていくということもあります。

――現場のエースが業務システムを考えるべき、という考え方がありますが、これには賛同されますか。

現場のエースが業務システムを考えるのは、当然のことだと思います。現場のエースやマネジャークラスは、日々や週次・月次の業務をオペレーションで回し業績成果を残すのと同時に、その業務の仕組みをよくする・改革していくという、二つのミッションを持つのです。

特に成長しようとしている、もしくは成長しようと思う会社の管理職はきちんと事業を管理運営することと同時並行で、業務改革もしなくてはならないと思います。世の中にはなぜか〝安定している会社〟というものがありますが、そういうところでは特に改革するスキルがなくてもラインの長はできるかもしれません。しかし、本来、会社は成長すべきものということを考えると、あるべき姿ではないし継続性はないと思います。

――エースは業務システムに入れるより、現場に入れて少しでも稼いでもらったほうがいい、と考える経営層は多いですね。

現場の長をやるということは、日常オペレーションでしっかり稼ぐことも、業務改革も、両方できなければいけないということです。本質的に部長や課長は、自分の部署の改革を常にやるべきですし、一年後にどんなふうになっているべきかというビジョンを持っていなければいけないと思います。一方、業務システムの部員は、会社全体がそのつながりにおいて一年後にはこうなっていなければいけないということを、ファンクションごとではなくて、全体観として持っていなければいけないと思います。

――業務システム部は、情報システムのエキスパートではなくて、業務ノウハウのある種ハブ的存在でなければならない、ということですね。

そうです。もちろん情報システムの専門家も幾人かは必要ですが、部全体としてはやはり会社の業務プロセスの現状を把握し、強み・弱みはこういうもので、三年後にはこうなって、そのために一年後はこうなっていなければいけないという考えをしっかりと持ったうえで、そこに向けて動かしていくような集団である必要があります。

費用対効果は業務全体で見るべき

――システム化に際しても、現場の意見や要望を下請け的に落とし込んではいけないで

すか。

そうです。というのも、ボトムアップの現場改善・システム提案だけでは、どんなに積み上げても全体最適にはならないからです。業務改善は検討を進めるうちに、別のところを改善したほうが業績へのインパクトが大きいということに気づくことがとても多い。当社の場合だと、システム化で作業軽減し経費効率や人時効率を多少上げるより、費用と人手をかけてでも、とにかく生産量と販売量の差を少なくしたほうが利益効果はよほど大きいのです。

――システム化プロジェクトをやると、期限に追われて、目の前のシステムづくりに追いまくられる、ということがよく起こりますね。

そうならないためにも、業務システム部は、事業成功のカギ、つまり収益のキーレバーを突き詰めて、それを向上させるためにどうすればいいのかを、事業の全体像からトップダウンで考える必要があるのです。システムをうまくつくることが目的になったら本末転倒です。

――そう考えると、システム投資だけを見て費用対効果の議論をするのは……。

意味ないですね。事業や業務全体で費用対効果を見ないといけないと思います。ROI（投資収益率）を考えるなら、システムはほんの一部で、プロジェクト全体の試行錯誤に要した人の時間こそが投資のかなりの部分を占めます。一方、効果のほうも、システムが使われようが使われまいが、その費用も差っ引いて利益が上がればそれがリターンです。たとえばシステムに二億円、人件費で八億円使ったら一〇億円の投資で、五〇億円リターンがあればそれがリターン。そのうち、「システム化」の貢献額は実は三億円だと言っても、活動全体を通じて五〇億円の効果があったならそれでいいと思います。そのプロジェクトがなければ、全部がなかったわけですから。「無用の用」みたいな面もあるものです。

ＣＩＯは業務改革リーダー

——さはさりながら、世の中の情報システム部長は、会社でシステムの費用対効果を問われると思います。そういう意味で、システム部門はどういう役割を担うべきですか。

ですから〝情報〟システム部門長はかわいそうです。情報システムの長ではなくて、業務改革部の長、業務システム構築、ビジネスシステム構築部門の長でないと、仕事の範囲が狭すぎて成果が出せないと思います。情報システムだけの長は、経営の一ファンクションを担うとは言えません。会社の一つ一つのファンクションの長というのは、自分の担当している業務を通じて、自分の会社全体をどうしていくかということをビジョンとして持って、それを実行推進しているような人ではないといけないのですが、情報システムは経営の一ファンクションになりきれてないですから。業務改革とか業務構築までひっくるめないと、会社の一ファンクションとしては不十分だと思います。

――では、CIOとは、どのようなミッションを担うものですか。

戦略を業務改革に落とし、定着させることだと思います。会社のミッションやブランドメッセージ、事業戦略に基づいてビジネスシステムを設計し、日常業務に落とし込む。その業務が回るようにサポートするシステムをつくってそれを定着させ、さらにもう一回業務改善するという流れを確実に実行することです。

特に、システム化の前に、実務実践に落とし込み、「現場でやらせる」というところがCIOの一番やるべきことだと思います。その業務が回って業績成果が出始めれば、システム化は経営層がやらなくてもできます。いろいろな波風が立つところをやるのがCIOのバリューです。したがって、戦略をビジネスシステムに落とし込んで、全社のコンセンサスを得るようなスキルも必要ですが、やり通す力やしぶとさのほうがもっと大事だと思います。つまり、業務改革で手を入れた新しい業務が、現状のものと全然違っていて嫌がられても、設計当初の業務は間違っていても、必要な修正を加えながら、とにかく信念を持ってやらせきる根性が大事です。
修正しながら、何をやっているのだと皆から言われながらも、やり続ける。そのうち落ち着いてくると、システム化には皆が賛成するし、そのあと改善するのは現場が喜んでやりますから。こういった改革は、「北風」たるビジョナリーと「太陽」たる調整者が役割分担してもいいかもしれない。

――堂前さん自身も失敗をしたり方向性が違うのではないかと言われたりしましたか。

おそらく言われていたと思いますよ。ただ、私の場合、システムだけでなく、経営計画や商品計画・生産計画・ロジスティクスも担当する役員なので非常にやりやすいのです。CIOは、そういう統括をしたほうがうまくいくかもしれません。日常のオペレーションをきちんと回し収益に貢献しながら仕組みづくりをすると、非常にスムーズですから。

――経理・財務でCIO兼務というケースはよくありますが、財務と兼務なのは、会計系システムがITになったので、併せて担当しようと一緒に括ったという感じですね。

それであればCIOがいなくても、システム部長と経理財務部長が話をしてやっていけば十分だと思います。経理や財務とシステムを併せて担当するというのは、会計システムの歴史からそうしているということもあるのでしょうが、わざわざＣＩＯを置く必要はないと思います。経営計画・経営企画的部署とシステムとを併せたものをＣＩＯが担当するのなら意味があるとは思いますけど。

――ＣＩＯは販売計画、生産計画、予算管理の統括といったものでしょうか。

業種や会社の状況によるかと思いますが、当社の場合はそうです。計画や実績管理などに加えてシステムを統括するほうが、ＣＩＯは仕事がしやすいし、あるべき姿かもしれないです。

――ＣＩＯの目的がコアとなるビジネスプロセスの差別化・強化というふうに考えると、そうなりますね。ＣＩＯがほかのどんなファンクションと担当を兼務しているかということ自体が、その会社の戦略の色合いを表すわけですね。

メーカーだと開発系や生産系、商社だったら販売系、金融だったら商品開発系やリスク管理系、こういった部門とシステム部門とを統括する人がＣＩＯだとちょうどいいかもしれないですね。

――ＣＩＯとＣＯＯの役割分担はどう考えていますか。

ＣＯＯは、顧客接点をきっちりマネージして売上げを上げることが最大の使命だと思います。ですから、商品やブランディングなどのファンクションを担い、その会社の差別化要因そのもの、当社の場合ではお客様から見た商品や店舗そのものをよくして、競争力を高めるのがＣＯＯの一番の役割ではないでしょうか。営業スタッフが差別化要因となる会社ならＣＯＯは営業スタッフのボスでなくてはならないし、マーケティングが差別化要因となる会社ならＣＯＯはマーケターのボスでなくてはならない。オペレーションをきちんと回すことで粗利や利益を出すというようなことは、必要に応じてＣＦＯやＣＩＯが兼務してやってもよいかもしれません。

――では、ＣＩＯに必要な権限やスキルとはどのようなものでしょうか。

ＣＩＯは、業務改革をしなければいけない。ただし、その前提として、会社は成長を志向するということがあります。成長したくない会社で業務改革といってもそれはかわいそうで、そういう会社はＣＩＯを置いてはいけないと思います。システム担当役員はよいかもしれませんが。ＣＩＯは業務改革、業務構築担当役員、会社が発展するための仕事のやり方をつくって実行まで徹底させるための役員ですから。

――つまりＣＩＯは、業務をどれだけ変えたか、が問われる。

現場業務をよい方向にどれだけ変えて仕組み化したか、ということだけでなく、業務を変えた結果、業績がどれだけ上がったか、というその数値達成結果が問われます。

――業績が上がった分のうち、どれだけが業務変革の結果かを定量化するのは難しいで

すね。ＣＯＯの功績かＣＩＯの功績か、よくわからないのではないですか。

結局、会社の業績が上がれば、それでよいのではないですか。ＣＯＯやＣＩＯの評価は会社全体の評価で、その人個人がどうだったかはどちらでもよいことです。ＣＩＯやＣＦＯやＣＯＯといったオフィサーは、どちらの功績が大きいかといった細かなことを気にしているようではだめだと思います。そんなですと会社はつぶれてしまいます。もしそういう人がオフィサーだったらすぐにやめなくてはいけない。

ベンダーとはチームとしてつきあう

――最後にうかがいますが、システムベンダーとのつきあいがうまくない会社が多いのが現状です。ベンダーに頼りすぎの会社や、反対に業者扱いして叩くところが多いようですが、貴社では、ベンダーとどうつきあいますか。

常にコンペにしてどんどん取引先を変えるユーザー企業もありますが、当社は結構長くつきあいます。取引先に求めることは結局、信頼できるかどうかです。ＩＴも強くて、うちの業務も仕組みも理解していただける取引先を選ぶようにしています。それでも最後は、取引先名ではなくて、担当者はだれかという個人名で決めます。

――うまくつきあうための役割分担はどのようなものですか。

その時その時です。うちはここまで、そこからはあなたということは、仕事を始める前に決めますが、それに固執していたら仕事にならないです。一般的には最後まで仕事の分担を明確に切り分け、責任を追及するのかもしれませんが、うちはフレキシブルです。この取引先の人はまだ苦手なことが多いのでフォローしようとか、逆にこの人はできるのでうちのメンバーを教育指導してくださいとか。取引先から派遣される方々の状況も含めて考慮して、その時々で役割分担をしていきます。どちらの貢献であっても最終的に成果が出ればそれでよいと思っています。

――チームとして扱うわけですね。どのくらい一緒に協働するのですか。業務の設計から、ですか。

全部、協働します。

ビジネス・テクノロジー・グループのメンバー紹介

横浜信一　マッキンゼー・アンド・カンパニーのプリンシパル。東京大学工学部卒業。ハーバード大学ケネディ行政大学院修了。通商産業省（現経済産業省）にて情報処理産業関連部署などを歴任後、1992年にマッキンゼー入社。通信、ハイテクを中心とし、金融、製薬、消費財、エネルギー、プライベート・エクイティなど多様な業種に対するコンサルティングを行うなかで、ITコスト削減、組織運営設計、新規事業向けシステム開発支援など、企業のIT課題解決に関して幅広い経験を有する。

萩平和巳　マネジャー。京都大学にて情報工学を修了。大手商社の情報システム関連部署・IT事業会社を歴任後、マッキンゼー入社。ハイテク業界を中心とし、金融、メディアなど幅広い業種に対して、IT戦略やITガバナンスの策定・推進、ITコスト削減などのコンサルティングを行う。また、ITベンダーに対しても事業戦略、マーケティング、製品開発や組織設計・立上げ、人材教育まで幅広いコンサルティングを行っている。

Giacomo Baizini（ジャコモ・バイジーニ）　アソシエート・プリンシパル。オックスフォード大学にて物理学を専攻。マッキンゼー ミラノ支社を経て、2001年より日本支社。金融、ハイテク、通信の各業界を中心に、アウトソーシング戦略、ITサービス戦略、およびERPに基づく業務プロセス改善など、幅広いIT関連の経営課題に関するコンサルティングに従事。ほかに、電力を中心としたエネルギー業界にも造詣が深い。

武藤 ケニー　コンサルタント。ブラジル空軍工科大学電子工学部卒業。イェール大学経営大学院修了（MBA）。マッキンゼー日本支社に入社後、2003年から１年間シカゴ勤務を経験。日・米・欧のグローバル企業を中心に、金融、保険、医療、ハイテク分野における事業・IT戦略構築、IT組織設計、アウトソーシング構造設計、購買プログラム実施支援、合従連衡設計、M&A後のマネジメントなどのコンサルティングに従事。

金平直人　コンサルタント。慶應義塾大学総合政策学部卒業。通信、ハイテクを中心に、新規上場から新規事業、研究開発、マーケティング、営業組織変革まで成長課題の解決を支援。また、素材、自動車、食品、医療、交通、娯楽など多様な業種で技術戦略にも取り組んでいる。

山本一路　コンサルタント。立命館大学政策科学部卒業。IT、デバイス、産業財分野における戦略立案、新規事業創造、M＆A、組織変革、コスト削減、マーケティング、営業改革と幅広い課題を支援。特にIT分野においてはベンダー側、顧客側双方における深い専門性を持つ。

開発　徹　コンサルタント。東京大学新領域創成科学研究科卒業。主にハイテク、製造業、金融の分野におけるITコスト削減、戦略立案、組織改革などに関するコンサルティングに従事。

大隈健史　コンサルタント。早稲田大学大学院理工学研究科修士課程修了。ハイテク、金融などの分野を中心にIT診断、事業戦略策定、外資系企業の日本市場戦略立案などのコンサルティングに従事。

琴坂将広　コンサルタント。慶應義塾大学環境情報学部卒業。ハイテク関連企業を中心に、主に事業戦略、新規事業の立案に関するコンサルティングに従事。

訳者紹介

鈴木立哉　翻訳家。一橋大学社会学部卒業。コロンビア大学経営学修士課程修了。野村證券入社後、スイス現法にてシンジケート・マネジャー、その後営業企画部営業企画課長として国内営業戦略立案に従事。KBC証券を経て、現在、翻訳会社ティーベスト代表。
連絡先 touch-sz@flamenco.plala.or.jp

マッキンゼーのビジネス・テクノロジー・グループについて

マッキンゼー・アンド・カンパニーは世界45カ国に83の事務所、6000人のコンサルタントを擁するトップマネジメント・コンサルティング・ファームである。ビジネス・テクノロジー・グループはITに関する経営課題を担当するグループで、世界で450人が所属している。クライアント企業はITを使うユーザー企業を中心としつつ、ITを提供する企業へも戦略策定などのコンサルティングを行っている。日本でもITコストの透明化・削減、IT組織の活性化・整備、システム再構築などITを直接対象とする経営課題、および、業務プロセス改革、購買管理、セールスフォース強化、経営統合などITが重要な役割を果たす経営課題の双方にわたり幅広い活動を行っている。

マッキンゼー ITの本質
情報システムを活かした「業務改革」で利益を創出する

2005年3月3日 第1刷発行

編著・監訳者 横浜信一／萩平和巳／金平直人／大隈健史／琴坂将広
訳　　者 鈴木立哉

発行所／ダイヤモンド社
http://www.dhbr.net
郵便番号 150-8409
東京都渋谷区神宮前 6-12-17
編集 03（5778）7228
販売 03（5778）7240

編集担当／DIAMONDハーバード・ビジネス・レビュー編集部
装丁／布施育哉
製作・進行／ダイヤモンド・グラフィック社
印刷所／加藤文明社
製本／石毛製本所

ISBN4-478-37483-X Printed in Japan